KB211010

유월절과 연기법

유월절과 연기법

모든 종교는 한길로 통한다

상결산인(上傑山人) 오정균 지음

좋은땅

따스한 봄날 제비꽃이 생긋 웃음 짓고 벚꽃 내음이 은은히 풍겨나는 4월, 강 언덕에 누워 파란 하늘을 바라본다. 나는 살아 지금 여기 누워 숨 쉬고 있다. 이대로 더 바랄 것 없는 감사와 허허로움의 평화가 가슴에 흐른다. 멀고도 긴 여행 후 옛 고향에 돌아온 늙은 나그네처럼 노곤함 속의 안도(安堵)와 영적 풍요와 자유로움이다. 나는 결코 게으르지는 않았다. 평생 풀어야 했던 숙제를 이제라도 마친 느낌이다. 이제 늙은 나그네가 늘 가지고 다니던 낡고 헤진 가방을 풀고 몇 자 적어 놓은 보잘것없는 작은 수첩을 꺼내 세상에 내놓는다. 그나마 세상에 조금의 도움이라도 될 수 있기를 바라면서.

2024년 4월 어느 봄날

우리 한민족의 비전(vision)

　동이족(東夷族)의 환국(桓國) 신교사관(神敎史觀)이 역사적 시원 종교로서 인류의 최초 황금기에 고준하고 뛰어난 종교 철학(弘益人間, 在世理化)의 실천이념과 함께 천부경(天符經) 81자로 이미 완성되어 있었다. 그러나 이유는 알 수 없으나 그 황금시절은 역사에서 잊혀지고 지구촌은 지역마다 자생적 종교가 움트는 것처럼 보였다. 그런데 인류 역사의 안배(按配)였을까? 동이족이 전한 수메르 문명은 아브라함이라는 한 인간으로 하여금 유일신의 종교관을 여는 유인(誘引)이 되었다. 이 외재적 유일신교는 700년마다 한 번씩 인간과 신의 소통방법에서 의식이 한 단계씩 업그레이드되어 왔다. 드디어 예수에 이르러 대 변혁의 패러다임을 맞이하였다. 예수의 가르침은 **유일신(唯一神) 외재신교(外在神敎)가 만인(萬人) 내재신교(內在神敎)**로 바뀌는 종교적 대변혁이었다. 예수 그리스도는 신교사관의 **신본적(神本的) 태일인간(太一人間)**과 의미상 동일한 것이었다. 이로써 사막에 피어난 **감성적(感性的, 踰越節)** 가시의 아픔과 십자가의 종교는 결국 원래의 가르침으로 회귀한 것이다. 또한 이보다 500여 년 전에 히말라야 산기슭의 단군 자손에 뿌리를 둔 석가모니가 태어나 의식의 정점에 이르러 붓다(부처)가 되었다. 그의 가르침 또한 **지성적(知性的, 緣起法)** 맥락에서 만인이 붓다에 이르는 교설을 베풀었는바, 이는 환국의 태일인간과 의미가 동일한 인본적인 내재적 만인 붓다를 설파

하였다. 그리스도는 신본적(神本的) 태일인간이라면 붓다는 **인본적(人本的) 태일인간(太一人間)**으로 표현 방식만 다를 뿐 의미는 동일한 것으로 신이 된 인간 혹은 인간이 된 신과 같이 표현방식의 차이일 뿐이다. 이와 비슷한 시기에 중국에서는 역시 동이족이었던 노자(老子)가 도(道)를 가르쳤고 동이족을 스승으로 둔 공자(孔子)는 인(仁)을 중심으로 인의예지(仁義禮智)의 생활 철학을 가르치고 있었다. 이 또한 태일 인간 사상이 밑받침되는 가르침이었다. 왜 이렇게 이질적 토양에서 자란 대표적인 세계 종교들이 그 맥락에서 동일한 것인가? 독자적으로 발전되었다고 쳐도 그 정점은 동일한 결론에 이른 것은 진리가 원래 그러한 것이기도 하겠지만, 한 가지 더 그 종교 사상적 뿌리가 같기 때문이 아니겠는가? 이러한 동이족의 종교 철학적 연결 벨트(띠, belt)는 모두 그 뿌리가 환국의 신교 사관에 닿아 있다. 예수가 태어난 후 다시 2000년이 흘러 인류는 전 지구적으로 새로운 패러다임을 맞기 위한 변곡점(變曲點)에 이르렀다고 사람들의 입에서 이구동성으로 외치고 있다.

대기 오염으로 인한 기후 변화와 또다시 전쟁으로 얼룩진 지구촌의 상황이지만 새 천년을 맞이한 인류는 동이족의 한류(韓流)에 열광하며 대한민국의 문화에 몰두하는 조류(潮流)가 세상을 뒤덮고 있다. 이제 정말 때가 찬 것인가? 우리는 역사상 그 수 없는 외세의 침략을 받으면서도 결코 굴(屈)한 적이 없으며 한 번도 남의 나라를 무력으로 침략한 적이 없다. 그럼에도 불구하고 이웃 사람과 이웃 나라를 선대(善待)하는 문화민족의 착한 심성은 도대체 어디에서 왔다고 생각하는가? 우리의 국조(國祖) 단군 할아버지의 건국이념인 홍익인간(弘益人間)·재세이화(在世理化)의 가르침이 우리의 피 속에 새겨진 것이 아니겠는가? 대한민국의 높은 문화적 도덕적 수준에 선진국의 청년들이 놀라움과 경이로운 눈으로 우리를 바라보기 시작하였다. 반 만 년의 역사 동안 우리 피에 다져온 조상의 가르침의 자취를 저들 외국인이 보기 시작한 것이 아니겠는가?

한편 이 또한 인류 역사의 안배일까? 아니면 하나님의 뜻일까? 하필 이 변곡점에 대한민국은 이미 그 세계의 문화적 중심국가로 자리매김하기 시작한 것이다. 하필 이러한 역사의 변곡점에 문화 강국 한국에 세계인의 이목이 집중되는 것일까?

우리 민족은 동아시아의 끝자락 강대국 틈바구니에서 외세의 잦은 침략과 도전에도 굴하지 않고 동이족 선조들의 고유의 문화와 전통을 지켜왔다. 질곡과 아픔을 이겨내고 세계에서 그 유례를 찾을 수 없는 눈부신 경제성장을 이루어 내고 과학을 비록한 각 분야에서 세계를 선도하고, 종교분야에서도 세계종교의 용광로 같이 종교 간의 대립도 미성숙한 일부 기독교인의 훼불 돌출 행동을 제외하고는 거의 없이 발전된 흔치 않은 나라 중 하나가 되었다. 이것 또한 역사의 안배일까? 불교와 기독교는 지금도 외견상 큰 마찰 없이 상호 공존하고 있다.

지구촌의 국가적 통합은 불가능한 일이라 하더라도 종교적 인간의식의 통합은 가능한 인류의 보편적 염원일 것이다. 적어도 종교로 촉발되는 전쟁은 피할 수 있을 것이다.

여기 우리에게 요청되는 것이 통일된 종교 사상적 지표(指標)의 제공이다. 지구인 누구나 납득 공감할 수 있는 모든 종교 사상적 토대가 마련되어야 한다. 각자의 종교가 다르더라도 자신의 종교를 바꿀 필요가 없으며 원류에서 동일한 뿌리임을 자각시킴으로써 하등의 다툼이 불필요하고 어리석은 일임을 납득시켜야 한다. 이런 시각에서 기독교와 불교의 동질성 탐구는 이전부터 논의되어 왔고 많은 연구가 있었다. 그러나 두 종교의 기본 원리에 대한 비교 탐구는 찾기 어려웠다. 그만큼 설득력은 부족했던 것이다. 외부에 나타난 동질성도 중요하지만 그 내밀(內密)한 철학적 원리적 동질성을 밝히는 것이 없어서는 할 일을 다 하지 못한 것이다. 우리의 불교가 통(通)불교이듯이 우리 민족은 변증(辨證)하여 하나로 결집시키는 재질을 타고 났다. 이런 의미에서 종교 사상적 토대를 일깨우는 작업은 우리의 과업이라고 생각한다. 종교는 결코 목적이 될 수 없는 피안에 이르는 뗏목에 불과하고 안식일은 하나님을 위해서 있는 것이 아니고 안식일의 주인인 우리 인자(人子, the Son of man)를 위해 있는 것이다. 그리고 여기에서 더 나아가 그 사상적 원류가 환국 신교사관의 뿌리에 닿아 있다는 것을 밝힘으로써 종교의 거대한 카테고리에서 하나로 뭉쳐져 회통(會通)에 이르는 통쾌(痛快)함에 이를 것이다.

한국에서 그리스도교가 번성하는 이유도 한국 그리스도교가 세계 종교사에 담당해야 할 새로운 사명을 위해서일지 모른다. 21세기를 맞이해 종교 간의 대화, 종교 간의 화해를 저해하는 교리상의 장애를 극복할 만한 대안적 해석이 만약 한국 땅에서 등장한다면 우리나라는 사상적·종교적 종주국으로 세계의 지도국이 될 수도 있을 것이다. 서구에서 발생해 한국에서 다시금 꽃피우고 있는 한국 그리스도교는 동양사상의 토양 속에서 충분히 성숙될 때 오늘날 지구촌 시대가 요구하는 포용적·화합적·인본주의적 그리스도교로 충분히 재탄생할 수 있다. 포스트 크리스천 시대를 열어 갈 새 시대의 그리스도교가 이 땅에서 태어나길 기대한다.[1]

종교 간 대화, 종교 간의 화해를 저해하는 교리상의 장애극복은 시대적 요청임이 분명하다. 필자는 정통파 기독교인으로 자라 의과 대학을 함께 다니며 정통파 기독교 신앙인으로 같은 길을 걷던 절친한 외형(畏兄)의 만류에도 불구하고 홀로 수십 년간 불교를 독학한 사람으로서 이러한 요청이 아니더라도 양 종교 간의 근본 원리의 탐구에 관심을 갖지 않을 수 없었다. 내 안에서 양 종교가 이유는 잘 모르지만 원리상 똑같다는 외침이 계속 울리고 있었다. 그리고 정통파 기독교의 이해 불가능한 도그마의 이유를 깨닫게 되니 그 울림은 더욱 증폭되었다.

이 주제로 저작에 손을 댄 지 벌써 몇 년째인지 기억도 못 하겠다. 때때로 정리해 둔 원고를 들었다 내팽개친 것이 수도 없다. 아예 나는 그릇이 아니라고 포기를 생각하지 않은 것도 아니었다. 그러나 새봄을 맞이하러 큰딸과 벚꽃 놀이에 나섰다가 발끝에 밟히는 제비꽃을 본 것이 계기가 되어 본 저작에 몰두하게 되었다. 이제 감히 저간의 내면의 목소리를 토로하고자 한다.

차례

제1장

보랏빛 들판의
노래

선사와 시인의 만남

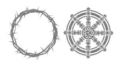

　시가(詩歌)로써 선을 찬양하는 니나가와(Ninagawa)는, 제비꽃 만발한 대덕사(大德寺)의 주지이며 불후의 스승인 일휴선사(一休禪師)의 제자가 되기를 열망하였다.

　그는 일휴 선사를 찾아갔다.
　그리하여 사원의 입구에서 다음과 같은 대화를 주고받았다.

　일휴 : 너는 누구냐?
　니나가와 : 불교에 귀의하려는 자입니다.

　일휴 : 어디에서 왔느냐?
　니나가와 : 당신과 같은 곳에서 왔습니다.

　일휴 : 아하, 그러면 요즈음 거기에 무슨 일이 있었느냐?
　니나가와 : 까마귀가 까악 거리고, 참새가 쨱쨱거립니다.

일휴 : 그러면 너는 지금 어디에 있다고 생각하느냐?

니나가와 : 제비꽃 물든 벌판입니다.

일휴 : 왜?

니나가와 : 새꽃, 나팔꽃, 잇꽃, 국화, 쑥부쟁이.

일휴 : 그럼 꽃들이 지고 나면?

니나가와 : 이는 가을꽃 들판입니다.

일휴 : 그 들판에 무슨 일이 일어나는가?

니나가와 : 개울이 흐르고, 바람이 쓸고 지나가지요.

니나가와의 선과 같은 말씨에 감탄한 일휴 선사는, 니나가와를 데리고 그의 방으로 가 차를 대접하였다. 그리고 나서, 그는 이 즉흥시가를 읊었다.

내 너에게 진미(眞味)를 주고프나,

아아!

선가(禪家)에서는

아무것도

권할 것이 없구나!

그 방문자가 따라서 시를 읊었다.

저를 대하시는 그 마음은,

진미 중의 진미인

그 본래의 공(空)에 비하면
아무것도
아니오이다.

깊이 감동한 스승이 말하였다.
얘야, 너 많이 컸구나.

* * *

내가 이 선화(禪話)를 처음 대한 것은 지금으로부터 대략 25년 전의 일이다. 처음 대했을 때의 감동은, 그 대화에 녹아 있는 의미와 세세한 시퀀스(sequence)에 대한 명확한 이해가 부족했음에도 불구하고, 엄청난 것이었다. 이 선화는 오쇼 라즈니쉬의 「선의 강론(*The Grass Grows by itself, Rajneesh Foundation, India* 1976 초판)」을 번역하여 펴낸 곳 청하 1985년 판 「禪-영원의 웃음소리」의 마지막 챕터에 실린 글이다. 세신하면서도 정곡을 찌르는 예리한 오쇼의 이 강론에 가슴이 뭉클했던 추억을 지금도 간직하고 있다. 그 후 이 책을 모두 다섯 번을 읽은 메모가 기록으로 남아 있다.

보랏빛 제비꽃이 만발한 대덕사라는 사원 앞 벌판에서 진리에 목말라 하는 명망 있는 시인이자 구도자(求道者) 니나가와(蜷川)와 위대한 스승 일휴 선사와의 조우(遭遇)! 그 고요와 평온이 깃든 산사(山寺) 앞 어느 따스한 봄날 대지는 새 봄의 생명력을 벌판 가득히 보랏빛 제비꽃으로 토해 내고 있다. 이 벌판은 비록 산문 밖이었지만 과연 이토록 아름다운 시적(詩的)-아니 선적(禪的)-대화가 펼쳐질 무대로서 너무나 완벽하고 아름답다. 어느 존재건 사원 안(本院)[本源, 本來面目]에 들어가기 위해서는 반드시 거쳐야 할 산문(山門) 입구에서 맞닥뜨린 선사와 시인. 그들 사이에 삶의 궁극적 질문을 놓고 치열(熾烈)한 문답이 벌어지고 있는 것이다. 여기는 바로 산문(山門) 안(寺院) 아니 본원[本源]인 깨침 속으로 들어가기 위해서는 누구나 반드시 거쳐야 하는 일대 관문(關門)인 것이다.

지난 주말에 큰딸과 함께 벚꽃 놀이에 나섰다. 찾아간 곳은 어느 대학이 운영하는 목장인데 산자락 아래에 자리 잡고 있어 위치상 행인들의 눈에 잘 띄지 않은 곳이다. 큰딸과 함께 작년 봄 우연히 발견한 목장인데, 목장의 목사(牧舍)에 이르는 길은 관문을 지나면 곧 넓은 시야가 확 펼쳐진다. 저 멀리 보이는 목사에 이르는 길은 잘 정돈되고 말끔하며 길의 양옆으로 늘어선 벚꽃이 만발한 곳이다. 아름다움과 그리움을 간직한 짧은 봄의 정취를 물씬 느낄 수 있어 봄의 아쉬움을 달랠 수 있는 감춰진 장소이다. 지난해에도 봄을 맞이한 곳은 바로 이곳이었다.

맑고 파란 하늘에 가득 핀 화사한 벚꽃에 부풀어 오른 가슴인데 발아래 문득 문득 드러나는 보랏빛 제비꽃! 나의 가슴은 제비꽃에 얽힌 회상과 함께 이 회상은 다시 이 선화로 이끌었다. 어렵게 서가에서 찾아내 옛 기억을 더듬으며 다시 읽기 시작하자 오쇼의 강설에 무언가 아쉬움과 흡족치 않음이 느껴졌다. 무언가를 덧붙여야 할 것 같다. 25년이 지난 지금 나의 안목(眼目)은 지난날과 동일한 것은 아닐 것이다. 이 선화를 새롭게 연주하라는 내적 요구가 나를 글쓰기로 몰아넣었다.

* * *

시가(詩歌)로써 선을 찬양하는 니나가와(Ninagawa)는, 제비꽃 만발한 대덕사(大德寺)의 주지이며 불후의 스승인 일휴선사(一休禪師)의 제자가 되기를 열망하였다.

일휴 선사가 칙명에 의해 48대 대덕사 주지로 임명된 것은 81세였다. 그가 대덕사 주지가 되었다는 소식을 듣고 각지에서 수행승들이 모여들었는데 그 수가 금세 100명을 넘었다고 한다. 여기 등장하는 시인 니나가와도 그중 한 명이 아니었을까 추측해 본다. 분명한 것은 일휴 선사가 칙명에 의해 주지로 임명된 것을 보면 당시 일본 천하에 그 이름이 얼마나 높았는지를 가늠해 볼 수 있다.

니나가와 역시 이미 널리 알려진 시인인 것으로 보인다. 그가 시가로써 선을 찬양하는 것으로 보아 불교에 심취한 시인이었을 것이다. 이제 시인으로서 얼마간의 성취를 뒤로하고 불후의 스승인 일휴 선사의 제자가 되기를 열망하였다. 그래서,

그는 일휴 선사를 찾아갔다.
그리하여 사원의 입구에서 다음과 같은 대화를 주고받았다.

일휴 : 너는 누구냐?

일휴 선사의 상대방에 대한 첫 질문이다. 일상적인 상용 문구지만 종교 철학적 차원에서 아주 근원적 질문 중 하나이다. 이 문구는 자기 자신에 대한 스스로의 평가요 인식이다. 이를 자기 정체성(正體性, identity)이라 한다. 또한 이 문구에는 너는 어떠한 사람이냐?는 의미도 내포하고 있으며 그 밖에 직업이라든지, 출생, 가문, 학벌 등등 여러 가지 그 사람에게 붙여진 것들을 포함하기도 한다. 어하든 일휴 선사는 여기서 니나가와의 자기 정체성 파악하려 나섰다.

니나가와 : 불교에 귀의하려는 자입니다.

우리에게 첫 번째로 떠오르는 생각은 그가 시인이라는 것이다. 여기서 니나가와는 자신의 정체성이 불교에 귀의하려는 자로 생각하고 있다. 그는 시인으로서의 삶을 살아왔다. 시도 좋아하고 명성도 쌓았지만 여기가 끝이 아니다. 보다 궁극적인 경지로 나아가기 위해 구도자(불교에 귀의하려는 자)가 되기로 결심한 것이다. 어느 분야에서든 높은 경지에 이르면 더 나아갈 수 없는 길이 닥치기 마련이다. 여기를 넘어서야 한다. 여기서 항상 제기되는 문제는 생사(生死)라는 삶의 근원적인 문지방이고 이것을 뚫고 나아가야 한다. 니나가와는 이러한 문제를 삶의 우선순위에 두었다는 점에서 올바르고 현명하며 훌륭하다. 특정한 종교나 철학이 아니더라도 이러한 구도자로서의 삶에 대한 태도는 보다 나은 인간으로 그 정체성을 업그레이드하는 계기가 될 것이다. 이제 일휴 선사의 두 번째 질문이다.

일휴 : 어디에서 왔느냐?

출신 연고(緣故)를 묻는 질문이다. 피상적인 출신지부터 더 깊게는 우주의 근원 혹은 존재의 근원에까지 소급(遡及)해 갈수 있는 어려운 질문이다. 이제 니나가와는 답변해야 한다.

니나가와 : 당신과 같은 곳에서 왔습니다.

이 말은 중의적(重義的) 의미를 담고 있으며 어떤 의미에서건 모두 적실한 대답이다. 일휴 선사는 1394년 2월 1일 일본 교토 출생이다. 임제종의 고승으로 무로마치(室町) 시대의 사람이다. 1420년 27세에 일휴는 비와코 호수에서 배를 타고 좌선삼매(坐禪三昧)에 들어 있었는데 까마귀 울음소리에 대오(大悟)하였다 한다. 여하튼 피상적인 의미에서 니나가와도 교토 출신인 것으로 보인다. 그의 출신지에 대한 정보가 없어 확인이 불가능하지만 이미 고승대덕(高僧大德)으로 널리 알려진 일휴 선사에 대하여 잘 알고 있었을 니나가와는 일휴 선사와 자신이 동향이었기에 '당신과 같은 곳에서 왔습니다'라고 답변했을 것이다. 의미를 더 깊게 근원적 질문으로 도약하여 일휴 선사가 대오한 그 불성의 자리는 삼라만상 일체의 출신 연고이다. 니나가와는 이러한 인식에 도달하여 당신과 같은 곳에서 왔다고 대답한 것으로 볼 수 있다. 중의적 관점에서 니나가와의 재기(才氣)가 엿보이는 답변이다.

일휴 : 아하, 그러면 요즈음 거기에 무슨 일이 있었느냐?

역시 일휴 선사의 질문은 근원적 출신지에 대해 물은 것이 확연해지는 것 같다. 이 질문 역시 중의적(重義的) 표현으로 볼 수 있다. 출신지가 교토를 지칭하는 것이라면 지금 교토에서 벌어지고 있는 일을 말해야 한다. 만일 니나가와가 여기서 교토의 최신 뉴스 즉 세상사 피상적 답변을 하였다면 일휴 선사로서는 더 이상 이 대화가 무의미하기 때문에 대화는 종결되었을 것이다. 그러나 니나가와는 이 중의적 입장에 적실한 대답으로 일관하고 있다.

니나가와 : 까마귀가 까악거리고, 참새가 짹짹거립니다.

물론 지금 교토에서 벌어지고 있는 일에 대하여 까마귀가 까악 거리고 참새가 짹짹거린다는 말도 틀린 말은 아니다. 그러나 까마귀가 까악 거리고 참새가 짹짹 거리는 것은 교토에만 국한된 일이 아니다. 그러므로 니나가와의 답변은 교토에서 벌어지고 있는 일을 가리키고 한 말은 아닐 것이다. 일휴 선사가 대오한 그 불성의 자리(본래면목)에 관한 소식이다. 니나가와는 까마귀가 까악거리고, 참새가 짹짹거리는 것에서 불성을 자각하고 있다는 말이다. 이를 선가에서는 현성공안(現成公案)이라 한다. 궁극적인 진리가 이 현실 속에 그대로 드러나 있다는 불교 철학의 개념이다. 이 현실이 바로 본래면목(근원, 본원) 그 자체인데도 사람들은 그것을 깨닫지 못한다는 암시가 함축되어 있다. 그러므로 니나가와의 이 답변에서 현성공안을 이미 깨쳤음을 알 수 있다. 여기서 이 대답이 더욱 돋보이는 것은 전술한 바와 같이 일휴 선사가 까마귀 울음소리에 대오(大悟)하였다는 사실을 감안한다면 니나가와의 답변은 일휴 선사에게 더욱 의미심장(意味深長)하고 확연하게 다가왔을 것이다. 그러자 니나가와의 깨친 경지가 어떠한지 점검하기 위해 일휴 선사는 재빨리 다음 질문으로 치닫는다.

일휴 : 그러면 너는 지금 어디에 있다고 생각하느냐?

그러면 너는 지금 어디에 있다고 생각하느냐?는 물음은 창세기 하나님이 아담을 부르시며 그에게 이르시되 "네가 어디 있느냐?"[창세기 3:9]와 동일한 질문이다. 지금 마음의 중심이 머무는 경지 즉 실존(實存)에 대한 자기 스스로의 인식(혹은 자각)에 대하여 묻는 것이다. 아담은 가로되 "내가 동산에서 하나님의 소리를 듣고 내가 벗었으므로 두려워하여 숨었나이다."라고 대답했다. **"네가 어디 있느냐?"** 는 궁극적 질문에 아담은 스스로 떳떳치 못한 처지에 빠져있다는 자각을 잃지 않은 것으로 보인다. 대부분 세상사에 깊이 휩쓸리다 보면 자신이 어떤 지경에 처해 있는지조차 깨닫지 못하는 것에 비해 그나마 조금 나은 답변이다.

여기 **"그러면 너는 지금 어디에 있다고 생각하느냐?"** 는 일휴 선사의 질문도 표면상 하나님의 아담에게 하신 "네가 어디 있느냐?"는 질문과 꼭 같이 행해지고 있다. '네가 어디 있느냐?'는 질문은 피상적으로 공간적 의미를 담고 있지만 경전이나 혹은 선가에서의 의미는 보다 심오한 뜻이 내재되어 있다는 점을 이해해야 한다. 특히 선사의 평상어는 후일 영적 각성이 업그레이드되면 그 평범한 말은 엄청나게 깊고 함축적인 의미를 담고 있었다는 것을 깨닫기 때문이다. 여기 일휴 선사의 질문도 그냥 피상적인 질문이 아니다. 현재 대덕사 산문 앞에서 니나가와와 일휴 선사가 서로 대면하면서 일휴 선사가 니나가와의 있는 곳을 몰라서 이러한 질문을 하였을 리가 없지 않은가? 일휴 선사는 네 의식이 머무르고 있는 경지가 어디인지를 묻고 있는 것이다. 단번에 네 존재의 밑천을 드러내 보이라고 다그치고 있다. 니나가와가 일휴 선사를 만나 그의 제자가 되기를 열망한 것에서 짐작이 되듯이 니나가와는 이미 영적 진보가 무르익어 일별(一瞥, 사토리)의 경지 넘어선 것으로 보인다. 왜냐하면 이 질문뿐 아니라 이 질문 뒤에 이어지는 일휴 선사의 매섭고 날카로운 질문 공세에 한결같이 훌륭한 대답으로 일관(一貫)하고 있기 때문이다. 니나가와는 분명 스스로 지금 불성[본원(本源)]의 자리에 있다는 사실을 자각하고 있다. 그의 답변이 그러한 사실을 대변해 준다.

그러나 이 불성 본원의 자리는 어떠한 언어, 문자, 혹은 논리 희론(戲論)을 떠나 있다. 아무것도 붙을 수 없는 자리이다. 그렇다고 이것이 안 보인다고 아예 없다는 얘기는 더더욱 아니다. 근원적 입장에서 있다 없다가 떠난 자리이다. 불성에 대한 언급은 부처님과 기라성 같은 역대 조사들의 경전과 어록에 기록되어 전해져 오지만 여기서는 대행(大行) 스님의 한마음 요전에서 인용하겠다.

　* 불성은 천지가 생기기 전에도 있었고 설사 우주가 무너지고 허공이

없어지는 한이 있더라도 사라지거나 죽어질 수 없다.

* 불성은 말이나 생각으로 잡히지 않는 미묘 불가사의한 것이다. 한 점 찍어서 맛을 볼 수도 없는 허공처럼 형상과 감각을 초월해 있다고 말할 수 있다.

* 불성은 언어와 명상을 초원하여 홀로 뚜렷이 밝으며 난 바도 없고 그리하여 무너질 바도 없다. 당당하고 밝고 꿋꿋하다고 말할 수 있다. 불성은 말을 떠나있고 이름을 떠나 있고 글자를 떠나 있고 형상을 떠나 있고 변화를 떠나 있으니 평등하고 동일하여 변화나 차별이 없다.[2]

　상기에서 보듯이 언어나 문자로 표현해 볼 도리가 없다. 단지 자각할 뿐이다. 그럼에도 불구하고 이러한 형편을 누구보다도 아주 잘 통찰하고 있을 일휴 선사는 대답하기가 난처하기 그지없는 바로 불성이라는 본원의 자리에 대해서 일러 보라고 질문을 던지고 있는 것이다. 난처한 입장이라고 이것을 아주 표현하지 못한다면 아무런 의미도 유익도 없을 것이다. 선가의 기록들을 살펴보면 이 법은 스승과 제자간의 문답에서 보듯이 이심전심(以心傳心)으로 전해져 역대 조사들의 후계를 이어온 것이 아니던가? 분명히 소통하는 방법이 있는데 옛사람들은 유일한 대안으로 간접적인 방법을 찾아내는 것이었다. 그 소통하고자 하는 열망이 우회적(迂廻的)인 방법으로 이것의 실체성을 내보일 수는 있는 곳에 이른 것이다. 만일 전기가 무엇인지 한마디 일러 보라고 한다면 무엇이라 답할 것인가? 전기에 대한 직접적 표현을 떠나서, "저기 전등이 켜져 있네요." "저 세탁기가 돌아가는 것을 보세요." "저 선풍기도 지금 돌아가는 것이 보이시나요."라고 표현할 수 있다. 그 표현할 수 없는 것의 그 효능이 실제 작동하고 있는 현상을 우회적으로 열거함으로써 전기를 표현해 내보이는 것이다. 자 이러한 이해를 바탕으로 이제 니나가와의 답변을 살펴보자.

니나가와 : 제비꽃 물든 벌판입니다.

얼마나 아름답고 시적이며 시의 적절한 대답인가! 지금 니나가와가 서 있는 곳이 보랏빛 제비꽃이 만발한 대덕사 산문 앞 벌판이므로 이 대답은 피상적인 공간적 언급으로 보아도 손색이 없지만 니나가와의 답변은 일휴 선사의 의중을 간파하고 단번에 질문의 핵심을 터치하고 있다. "제비꽃 물든 벌판입니다." 이 제비꽃 물든 벌판은 우리의 본래면목인 본원 불성에 대한 시인 니나가와의 고유(固有)한 시적(詩的), 선적(禪的) 자각의 은유(隱喩)다. 그 고요와 평온이 깃든 산사(山寺) 앞 어느 따스한 봄날 대지는 새봄의 생명력을 벌판 가득히 보랏빛 제비꽃으로 토해내고 있는 그 벌판은 우리의 내재된 불성을 표현해 보이기에 아주 적절한 장소로 보인다. 의식의 진보가 점점 무르익으면 이러한 불성은 보랏빛 벌판이 아니더라도 삼라만상(森羅萬象) 어디서나 자각하게 마련이지만, 그렇게 되기 앞서 여기 보랏빛 벌판은 이 시점에서 생명력(dynamicity) 자체인 불성을 상징(象徵) 은유(隱喩)하기에 더할 나위 없이 좋은 소재로 생각된다. 그러므로 "제비꽃 물든 벌판입니다."라는 니나가와의 답변은 자신이 현재 이러한 불성 즉 본원에 자리 잡고 있다는 뜻이다. 이어서 이어지는 질문을 보자.

일휴 : 왜?

왜 그러한 답변에 도달하였느냐는 일휴 선사의 질문이다. 그는 역시 단순하고 평이한 질문으로 삶의 근원적 문제를 건드리고 있다. 먼저 왜라는 말뜻을 통찰해 보면 이 말이 우리의 이성과 밀접하게 엮여 있음을 부인할 수 없을 것이다. 왜라는 질문이 우리의 삶에 출현하는 시기는 우리의 지성이 유아기를 거쳐 어느 정도 장성한 이후의 일이다. 우리가 성장하면서 우리는 자연스럽게 무의식적으로 이분법적 사고방식이 자리 잡고, 더 나아가 "누가, 언제, 무엇을, 왜, 어떻게"라는 육하원칙(六何原則)에 따라 사상(事象)을 기술하는 인류 보편의 사고방식에 길들여지기 마련이다. 이러한 육하원칙 중에서도 사상(事象)의 가장 원초적(原初的) 해명(解明)을 구하는 항목은 "왜"라는 질문이며, 이 질문은 전술한 대로 우리의 지성에 관한 것이고 이성적인 인간일수록 이 질문에 익숙해 있음을 파악할 수 있을 것이다. 그러한 사고방식에 익숙한 인간은 어느 사상(事象)이든 "왜"라는 질문을 습관처럼 서슴없이 들이민다. 그리하여 우리 인류는 이 "왜"라는 질문의 도구로 오늘날의 위대한 문명을 일으키고 과학적 발전에 크게 기여할 수 있었으리라.

그러나 문제는 이 "왜"라는 질문이 좀처럼 씨가 먹히지 않는 분야가 있다는 것이다. 이 분야는 전혀 다른 패러다임의 영역이기 때문이다. 그리고 그것이 근원적인 문제이면 문제일수록 불통(不通)의 단절(斷絶)을 경험할 수밖에 없는 것이다. 하늘이 푸르다면 그 푸름에 대한 설명은 그렇다 치더라도 그 푸른색이 왜 우리 두뇌에서 푸른 인식을 낳는지 설명할 수 있는가? 설탕 맛이 단데 단 이유가 무엇이지 설명할 수 있는가? 푸르고 달고의 영역은 느낌의 영역이지, 설명 즉 이성의 분야가 아니다. 아름다움에 대한 숱한 설명과 온갖 희론(戱論)이 있을 수 있지만 각자 주관의 감성영역(感性領域)일 뿐이다. 음악의 영역은 소리 즉 청각의 영역이요 그림은 붓으로 물감을 칠하는 시각의 영역이다. 이같이 두 영역은 근본적 패러다임에서 아주 다르며 다루는 방식도 다를 수밖에 없다. 귀로 그림은 볼 수 없다. 이러한 다름에 대한 통찰력 결핍은 이 우리를 황당한 처지로 몰아넣는다. 마치 우리와는 다른 언어를 구사하는 외국에서 우리의 언어로는 소통이 불가능한 경우와 흡사하다. 이성적 인간은 여기서 좌절(挫

折)할 수밖에 없을 것이다. 그래서 결국 이 막힌 부분에서 스스로 근원적 핵심이라고 생각하는 문제에 대한 답을 얻지 못하고 성장을 멈추는 처지에 놓이기 쉬운 것이다.

선가(禪家)의 전해지는 화두(話頭)는 이러한 이성적 사유 체계를 무산(霧散)시켜 버리는 도구로 출현한 것이다. 이성적으로 터무니없는 질문을 착안하여 이 의문을 참구 천착함으로써 인간의 합리적 이성적 논리적 사유체계(思惟體系)를 무너뜨리는(벗어나 버리는) 것이다. 화두 타파는 곧 돈오(頓悟)로 이어지고 의식의 새로운 광활하고 자유로운 패러다임으로의 전환(轉換, conversion)이 이루어지는 것이 깨침의 과정이다.

이같이 깨침의 세계는 "왜"라는 이성적 차원을 넘어선 것이다. 이러한 예는 굳이 선가의 본보기가 아니더라도 우리의 일상에서 발견되듯이 이 "왜"라는 합리적 이성적 욕구를 만족시키지 못하더라도 우리가 삶을 영위하는 데 필수적인 면에서 아무런 불편도 초래할 수 없다는 것이다. 쉬운 예로 이성(理性)이 눈이 아직 열리지 않은 우리의 어린 시절을 회상해 보면 예외는 있겠으나 대개는 부모의 따뜻한 배려와 사랑 속에서 오히려 세상은 신비와 환희가 가득했고 "왜"라는 의식의 사고방식의 틀이 생겨나기 전인데도 좌절이나 고통은커녕 보다 순수하고 행복하였음을 상기할 수 있을 것이다.

이것은 우리가 우리 본원인 근원에 보다 가까이 있었기 때문이며 이 영역은 가슴의 영역이기 때문이다. 이 가슴의 영역은 이유(왜)를 넘어 시작도 끝도 없는 시·공을 초월한 본원의 불성에 보다 가깝다. 우리가 목말라 찾는 진리인 불성이 비로 여기 가슴의 영역에 가까이 닿아있다.

자 그러면 일휴 선사의 질문 "왜"로 돌아가 보자. "그러면 너는 지금 어디에 있다고 생각하느냐?"는 질문에 "제비꽃 물든 벌판입니다."라는 니나가와의 답변에서 일휴 선사는 일단 그 의 말을 인정하는 것으로 시작한다. 그리고 이어지는 일휴 선사의 "왜"는 니나가와 너는 왜 거기에 있다고 생각하는지 그 이유를 대라든 주문이다. 그의 대답이 합당하다면 상기 전술한 복잡하고 까다로운 "왜"라는 질문에 대한 통찰이 이미 달성되었다는 것을 의미하기 때문이다. 여기서 니나가와가 일휴 선사의 덫대로 스스로 합당하다고 생각되는 이유에 대한 이성적 답변이 있었더라면 이 질문에서는 합격점을 받지 못했을 것이다. 제비꽃 물든 벌판은 이유가 발붙일 수 없는 우리 가슴의 영역이기 때문이다[불립문자(不立文字)]. 일휴 선사는 질문을 심화시키기 위해서 '어디'에서 '왜'로 질문의 방향을 전환하여 니나가와가 이 "왜"라는 이성적 분야에서 어떠한지를 타진(打診)하고 있다. 선사의 이 한 마디 "왜"라는 질문은 깨침에 가장 큰 문지방인 이성적 분야에 대한 처리와 성장(成長)에 관한 것이다. 니나가와는 인생에서 무수히 부딪히는 "왜"라는 문제에 대한 근본적 해결이 없었더라면 결코 보랏빛 물든 벌판(본래면목)에 진입할 수 없었을 것이다. 그의 답변을 보자. 그의 대답에 왜라는 질문에 논리적으로 그럴듯하고 합당해 보이는 말은 결코 한마디도 보이지 않는다!

니나가와 : 새꽃, 나팔꽃, 잇꽃, 국화, 쑥부쟁이.

일견 동문서답하는 것과 같이 느껴진다. 니나가와는 시가(詩歌)로써 선을 찬양하는 시인이었다. 시인의 시 문학적 활동 분야는 주로 우리의 가슴이다. 우리가 위대한 작품이나 시에서 심금을 울리는 감동을 받는 것은 머리(理性)가 아니라 가슴이다. 그는 시작(時作)에 매진하면서 명성을 얻은 것을 보면 그는 냉철(冷徹)한 이성적 사람이기 보다는 열정적(熱情的) 가슴의 사람임에 틀림없다. 그의 이력으로 보건대 다양한 시작(詩作) 경험을 통해서 그는 왜라는 이성의 한계를 뼈저리게 느꼈을 것이다. 앞에서 밝힌 것처럼 이성은 근원적 문제 앞에서는 전혀 힘을 쓸 수 없는 무용지물(無用之物)에 불과하다는 통찰에 이르렀을 것이다. 니나가와가(蜷川)가 우리나라 시인이 아니라서 그의 행적에 대해서는 별로 알 수 없는 아쉬움이 남지만 여하튼 그의 상기 답변에서 그의 입장을 추론할 수 있을 뿐이다. "새꽃, 나팔꽃, 잇꽃, 국화, 쑥부쟁이." 보랏빛 물든 벌판을 느낄 뿐 "왜"라는 이유(이성)가 발붙일 자리가 없다. 보랏빛 물든 벌판(불성의 자리 은유-**몸**)은 이렇게 다양한 꽃들을 나투고 있으며(**몸짓**) 그 자연 본성이 역동적으로 늘 그러할 뿐 다른 것은 없다. 이같이 보랏빛 벌판에 만발한 꽃들의 신비함과 경외감을 가슴으로 느낄 뿐이라는 니나가와의 답변이다. 이러한 사정을 법성게(法性偈)는 이렇게 표현한다.

> 眞性甚深極微妙 참된 성품은 참으로 깊고도 지극히 오묘하니 (제비꽃 물든 벌판)
> 不守自性隨緣成 자기 성품을 고집하지 않고 인연따라 이루네 (새꽃, 나팔꽃, 잇꽃, 국화, 쑥부쟁이)

여하튼 니나가와의 답변에 일휴 선사는 한편 흡족해하면서 쉴 틈을 주지 않고 다시 묻는다. 강한 검객이 상대방에게 틈을 주지 않고 재빠르게 공격하여 궁지에 몰아넣으려는 것처럼 날카로운 일휴 선사의 검 날이 다시 한번 니나가와를 향해 번뜩인다.

일휴 : 그런 꽃들이 지고 나면?

이제 일휴 선사는 니나가와의 제비꽃 물든 벌판에 대해서 자세히 점검하고자 한다. 니나가와는 자기가 지금 서있는 아름다운 꽃들의 보랏빛 벌판에 영원히 머물고 싶어 하는지도 모른다. 일휴 선사는 그 보랏빛 꽃들을 여지없이 니나가와에게서 빼앗아 버린다. "그럼 꽃들이 지고 나면?"이라는 질문은 니나가와가 보랏빛 제비꽃 물든 벌판에 있는 것은 그 아름다운 꽃들에 끌리기 때문인지를 점검하려는 것이다. 일휴 선사의 즉문(卽問)에 대한 니나가와의 즉답(卽答)은 다음과 같다.

니나가와 : 이는 가을꽃 들판입니다.

일휴 선사의 검날 못지않게 니나가와의 검기(劍氣) 역시 신속하고 간결하다. "내가 이 자리(벌판)에 있는 것은 아름다운 보랏빛 꽃들 때문이 아닙니다. 내가 이미 존재하는 이 벌판에 보랏빛 꽃들이 피어있을 뿐입니다. 이제 이 벌판에 시절인연(時節因緣) 따라 가을이 오면 꽃들은 다 떨어지겠지요. 그러나 벌판은 이 자리 그대로 가을꽃 들판이 되는 것이고, 나 역시 여기를 떠나지 않고 새로이 펼쳐진 경계를 바라보게 되는 것이지요." 니나가와는 경계에 사로잡혀 자성(自性, 佛性, 本源, 本來面目)을 물들이지 않는 자성청정심(自性淸淨心)의 경지에서 의연(毅然)하고 안온(安穩)하게 대처하는 모습을 보여 준다. 니나가와는 이러한 실상을 "이는 가을꽃 들판입니다."라고 간결하게 표현하고 있다. 이 표현은 일견 평이(平易)하나 대화의 맥락에서 깊이 통찰해 보면 평이한 말이 단번에 매우 뛰어난 시적 언어로 변용(變容)된다. 즉 시절인연을 아무런 저항 없이 받아들이는 법을 체득한 시인의 원숙(圓熟)한 면모가 물씬 배어 나오는 주옥같은 표현으로 상승한다. 여기서 잠시 이러한 사상(事象)을 잘 표현한 선시 한 편을 감상해 보자.

雁過長空. 기러기 푸른 하늘을 나니

影沈寒水. 그림자 고요한 강물 속에 잠긴다

雁無遺踪意. 기러기 자취 남길 뜻 없고

水無留影心. 강물 또한 그림자 받아들일 마음 없네

시절 인연(雁)이 벌판을 보랏빛 꽃들로 물들이든 가을꽃으로 뒤덮든 니나가와(寒水)는 무심히 경계를 관조하고 있으며 시절인연(雁) 또한 니나가와(寒水)에게 영향을 미치려 하지 않는다. 그리고 한 가지 더 유념해야 할 것은 그 벌판의 본성이 인연 따라 나투는 역동성(dynamicity)이다. 벌판은 일정한 한 가지 모습으로 고정되기를 고집하지 않고 지속적으로 끊임없이 변화를 이끌어내는 불성, 생명력, 혹은 dynamicity 그 자체라는 것이다. 인연 따라 새롭게 나투기 위해서는 불성 자체가 모든 변화를 시전(施展)할 수 있는 힘의 근원이며 생명력 그 자체일 수밖에 없다. 이 무한한 생명력이 생(生)-주(住)-이(異)-멸(滅), 성(成)-주(住)-괴(壞)-공(空)이라는 과정을 주도(主導)하고 있다. 이 원리가 불변의 예외 없는 우주의 법(Dharma)이다. 일휴 선사가 "그럼 꽃들이 지고 나면?"이라고 물은 것은 붓다가 불성의 본성으로 파악한 이 법칙 즉 연기법(空性)에 대한 이해가 어떠한지를 물은 것이다. 니나가와는 연기법을 통달한 것인지도 모른다. 일휴 선사는 니나가와의 들판에 대한 이해에 흐뭇해하면서도 이제 마지막 한 가지 질문을 던진다. 마지막 점검이다.

일휴 : 그 들판에 무슨 일이 일어나는가?

이미 언급했듯이 그 들판이라는 불성의 자리는 현상계에 벌어지는 모든 현상 배후의 숨겨진 사역자(使役者)이다. 그것이 없다면 이 우주 삼라만상은 성립할 수가 없다. 이러한 속사정을 꿰뚫고 있는 니나가와의 답변은 시인답게 역시 시적 표현이다. 본래면목의 역동성(dynamicity)을 아름답게 표현하고 있다.

니나가와 : 개울이 흐르고, 바람이 쓸고 지나가지요.

불성의 나툼이 어찌 이들뿐이겠냐만 이 들판에서 일어나고 있는 모든 일들을 표현하기에 이보다 더 시적이고 진실에 어울리며 아름답고 적당한 표현은 찾기 어려울 것 같다. 들판에 흘러가는 개울물의 움직임과 대지를 쓸고 지나가는 바람의 역동성은 불성의 대표적 내보임으로 손색이 없고 시인은 이를 잘 감지(感知) 구사(驅使)하고 있는 것이다. 이제 일휴 선사의 점검은 끝났다. 시인 니나가와는 충분히 산문을 지나 본당(본원)에 들어갈 자격을 얻은 것이다. 즉 일휴 선사의 제자가 되고 싶은 니나가와의 열망이 이루어지게 된 것이다. 일휴 선사는 그의 제자가 되겠다고 찾아온 니나가와의 선과 같은 말씨에 감탄하게 되었기 때문이다. 그의 공부와 통찰력이 배어 나오는 말씨에서 모처럼 훌륭한 자질이 엿보이는 제자가 스스로 찾아온 셈이었다.

니나가와의 선과 같은 말씨에 감탄한 일휴 선사는, 니나가와를 데리고 그의 방으로 가 차를 대접하였다. 그리고 나서, 그는 이 즉흥시가를 읊었다.

일휴 선사는 내심 흡족(洽足)하였다. 그리고 그를 데리고 산문을 지나 사원의 가장 내밀한 방장실인 자신의 방으로 가서 차를 대접하였다. 선가의 지극한 환대는 차를 대접하는 것이다. 차는 선의 상징으로 각성을 의미한다고 한다. 그러니 선가의 차를 대접함은 그 의미가 깊은 것이다. 이 차의 시작에 얽힌 얘기가 전해져 온다. 달마선사가 장시간 참선 중 졸림에 자신의 눈꺼풀이 자꾸 내려오자 이를 잘라 버렸는데 그 눈꺼풀이 차의 첫 씨앗이 되었다고 한다. 일휴 선사는 이 차를 나누며 그간 쌓인 흡족한 감회를 감출 수 없었을 것이다. 마침내 일휴 선사가 즉흥시가를 읊기 시작한다.

> 내 너에게 진미(眞味)를 주고프나,
> 아아!
> 선가(禪家)에서는
> 아무것도
> 권할 것이 없구나!

일휴 선사의 내 너에게 진미(眞味)를 주고프나 이 첫 구는 니나가와에 대한 모든 평가가 들어 있다. 더 나아가 그 평가와 함께 아주 귀한 선물을 주고 싶은 마음까지 진미(眞味)라는 하나의 단어에 응축시켜 은유(隱喩)하고 있다. "내 너에게 진미를 주고 싶구나."

이 구절은 주고받음에 대한 것이다. 불교의 근원적 가르침에서 본다면 주는 것(마음)도 공하고 받는 것(마음)도 공하다. 또한 주고받는 것이 사물이든 마음이든 모두 공한 것이다. 그러니 근원적 입장에서는 주는 것도 없고 받는 것도 없다. 더 나아가 취할 것도 버릴 것도 없다. 그러나 주고받는 것이 아주 없는 것도 아니다. 주고받는 것 없이 주고받는 것이 또 있다는 것이다. 영가현각 선사의 증도가는 이렇게 노래한다.

> 取不得 捨不得(취부득 사부득) 취할 수도 없고 버릴 수도 없으니,
> 不可得中只麼得(불가득중지마득) 얻을 수 없는 가운데서 또 그렇게 얻는다.

이 구절은 물론 선사들의 전법 과정에 잘 드러나는 실상이기도 하지만, 이 같은 종지(宗旨)를 모를 리 없는 일휴 선사의 둘째 구 **아아!**를 평범한 감탄사로 보는 것은 그 의미를 너무 피상적으로 보는 것 같다. 아무래도 그 내밀(內密)한 의미는 니나가와에게 표현되어 마땅한 열망의 좌절에 따른 위대한 선사 일휴의 절규처럼 보인다. 그러나 선사가 함부로 절규하겠는가? 선사의 절규라니! 그렇다면 그 절규를 가져올 수밖에 없는 그 제약(制約)은 무엇인가? 이는 바로 다음 구에 나온다. 그것은 아무것도 줄 수도 받을 수도 없는 엄혹(嚴酷)한 진리의 실상이 그 이유일 것이다. 다시 말해 일휴 선사의 **아아!**는 추상(秋霜)같이 엄혹(嚴酷)한 진리의 실상 앞에서의 외침이다. 그리고 다음 구가 이어진다.

선가(禪家)에서는
아무것도
권할 것이 없구나!

이 구절도 수사학적(修辭學的)으로 중복된 의미를 함축하고 있다. 선가의 입장에서 줄 수 있는 것은 아무것도 없다(空)는 것이고, 그나마 **권할 것**(줄 수 있는 것) 또한 공(空)이라는 뜻이다. 이 의미를 세심히 잘 통찰해야 한다. 不可得中只麽得(불가득중지마득) 얻을 수 없는 가운데서 또 그렇게 얻는다. 니나가와에게 아무것도 얻을 수 없는 바로 여기서 얻으라는 것이다. 다시 말해 공의 **진미(眞味)**를 터득하라는 권고다. 자 이제 니나가와의 차례다. 니나가와는 일휴 선사의 즉흥시가를 듣자마자 곧 시가로써 일휴 선사에게 응대한다.

그 방문자가 따라서 시를 읊었다.

저를 대하시는 그 마음은,

진미 중의 진미인

그 본래의 공(空)에 비하면

아무것도

아니오이다.

　얼마나 적절한 대구인가! 시인의 뛰어난 감수성은 일휴 선사가 말하는 진미(眞味)의 의미도 아무것도 권할 것이 없다는 말뜻도 정확히 파악하고 있다. "진미(眞味)라는 말에 응축(凝縮)된 당신의 정성어린 저를 대하시는 고마운 그 마음을 저는 익히 알고 있습니다. 또한 권할 것이 아무것도 없다는 말에 숨겨진 속뜻이 그 본래의 공(空)이라는 것도 잘 알고 있습니다. 그 본래의 공(空)은 진미 중의 진미 즉 최상의 진리라는 것도 알고 있습니다. 그러나 당신의 정성어린 그 진미조차 공에 비하면 아무것도 아닙니다." 니나가와는 일휴 선사에 대한 고마움에 감읍(感泣)하여야 할 그 순간에도 그것은 공에 비하면 아무것도 아니라고 말하고 있습니다. 그야말로 공의 의미를 잘 파악하고 있다.

　깊이 감동한 스승이 말하였다.
　애야, 너 많이 컸구나.

　이러한 니나가와의 빈틈없는 대답에 어찌 흡족하지 않았겠는가? 절로 입에서 칭찬이 튀어나오는 장면이다. "애야, 너 많이 컸구나." 그러나 일반적으로 선사들은 칭찬에 인색하다. 그래서 칭찬 혹은 인가도 역설적으로 표현하기 일쑤다. 그 단적 예를 하나 보자면 임제 스님이 황벽 선사에게서 인가받는 마지막 장면에서도 **"시자야, 이 미친놈을 데리고 가서 선**

34 ｜ 유월절과 연기법

방에 집어넣어라."는 표현이다. 이것이 황벽 선사의 임제 스님에 대한 공식적 인가(印可)다. 전혀 칭찬의 말 같지 않은 역설이다. 이런 선가의 관례를 유념한다면 일휴 선사의 "애야, 너 많이 컸구나."는 보기 드문 선사의 칭찬이 아닐 수 없다. 더구나 상기 전반에 흐르는 니나가와의 통찰이 선가에 입문 전인데도 이와 같다면 일휴 선사의 놀라움과 칭찬도 무리는 아닌 것 같다. 그는 군계일학(群鷄一鶴)을 만난 것이다. 니나가와는 시인이지만 이미 선의 경지에 가까이 이른 것으로 보인다.

이제 니나가와의 수준을 이해하기 위해 바둑의 입단과정에 비유해 보면 좋을 것 같다. 기사가 입단하려면 그 해의 수많은 경쟁자를 다 물리치고 한두 사람이 입단의 타이틀을 획득하여 한국기원에 입문한다. 입단을 하였지만 아직 명인(名人, master)은 아니다. 그가 명인이 되기 위해서는 본선 무대에 진출한 뒤 기량을 갈고닦아야 한다. 니나가와의 수준은 입단대회에서 이제 막 입단을 거머쥔 기사의 입장과 흡사하다. 마찬가지로 앞으로 학인으로서 계속 정진하여야 일휴 선사(禪師, zen master)같이 능수능란한 솜씨를 갖출 수 있을 것이다.

제2장

신과 인간의
만남

초자아에 비친 자아

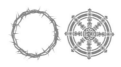

1 모세가 그 장인 미디안 제사장 이드로의 양무리를 치더니 그 무리를 광야 서편으로 인도하여 **하나님의 산 호렙**에 이르매

2 여호와의 사자가 **떨기나무 불꽃 가운데서 그에게 나타나시니라 그가 보니 떨기나무에 불이 붙었으나 사라지지 아니하는지라**

3 이에 가로되 내가 돌이켜 가서 이 큰 광경을 보리라 떨기나무가 어찌하여 타지 아니하는고 하는 동시에

4 여호와께서 그가 보려고 돌이켜 오는 것을 보신지라 하나님이 떨기나무 가운데서 그를 불러 가라사대 **모세야 모세야 하시매 그가 가로되 내가 여기 있나이다**

5 하나님이 가라사대 **이리로 가까이 하지 말라 너의 선 곳은 거룩한 땅이니 네 발에서 신을 벗으라**

6 또 이르시되 나는 네 조상의 하나님이니 아브라함의 하나님, 이삭의 하나님, 야곱의 하나님이니라 **모세가 하나님 뵈옵기를 두려워하여 얼굴을 가리우매**

7 여호와께서 가라사대 내가 애굽에 있는 내 백성의 고통을 정녕히 보고 그들이 그 간역자로 인하여 부르짖음을 듣고 그 우고를 알고

8 내가 내려와서 그들을 **애굽인의 손에서 건져내고** 그들을 그 땅에서 인도하여 아름답고 광대한 땅, 젖과 꿀이 흐르는 땅 곧 가나안 족속, 헷 족속, 아모리 족속, 브리스 족속, 히위 족속, 여부스 족속의 지방에 이르려 하노라

9 이제 이스라엘 자손의 부르짖음이 내게 달하고 애굽 사람이 그들을 괴롭게 하는 학대도 내가 보았으니

10 이제 내가 너를 바로에게 보내어 너로 내 백성 이스라엘 자손을 애굽에서 인도하여 내게 하리라

11 모세가 하나님께 고하되 **내가 누구관대** 바로에게 가며 이스라엘 자손을 애굽에서 인도하여 내리이까

12 하나님이 가라사대 **내가 정녕 너와 함께 있으리라** 네가 백성을 애굽에서 인도하여 낸 후에 너희가 이 산에서 하나님을 섬기리니 이것이 내가 너를 보낸 증거니라

13 모세가 하나님께 고하되 내가 이스라엘 자손에게 가서 이르기를 너희 조상의 하나님이 나를 너희에게 보내셨다 하면 그들이 내게 묻기를 **그의 이름이 무엇이냐 하리니 내가 무엇이라고 그들에게 말하리이까**

14 하나님이 모세에게 이르시되 **나는 스스로 있는 자니라** 또 이르시되 너는 이스라엘 자손에게 이같이 이르기를 스스로 있는 자가 나를 너희에게 보내셨다 하라[3]

* * *

앞 장의 **보랏빛 들판의 노래**는 선사(禪師, zen master)와 시인의 만남이었다. 여기서는 불교가 아닌 히브리 종교(유태교와 기독교)의 경전인 구약 성경에서 **신과 인간의 만남**의 장면을 고찰하고자 한다.

가르침을 베푸는 자와 가르침을 받는 자의 형태로 나타나는 의식의 조우에서 불가(佛家)는 불성이 삼라만상에 내재한다는 실상(實相)의 자각과, 만상의 일부인 자신에게도 내재하고 있는 그 불성(본래면목)의 발견, 그리고 그 자각된 그 성품의 표현 능력에 관심을 갖는다.

그에 비해 **신과 인간의** 만남 역시 인간은 이미 신성(불성)이 내재하고 있다는 가르침이 **내가 정녕 너와 함께 있으리라**는 [약속]의 형태로 표현되고, 신성을 발견한 이상 스스로 인간이라는 한계를 넘어서 무한한 신성을 마음껏 발휘하라는 가르침 또한 계시의 형태로 주어진다. 즉 신성의 내재함을 알았으면 하나님 자신이 무엇이든지 가능한 것(I AM THAT I AM)처럼 너도 나와 다를 바 없으니 세상에 나가 너의 신성을 마음껏 발휘하라는 메시지가 계시(啓示)된다.

히브리 종교와 불교는 피상적 의미에서 서로 다른 종교이지만, 심층적으로 어느 종교든 현재의 상태보다 보다 나은 상태로의 변혁을 지향한다는 점에서 모든 종교의 목적은 같다. 여기 신과 인간의 만남에서도 가르침을 베푸는 자(우월한 의식, 신)과 가르침을 받는 자(거기에 미치지 못하는 의식, 인간)의 만남에서 쌍방의 입장을 객관적 입장에서 관찰함으로써 우리 스스로 의식의 진보 내지는 깨침을 도모할 수 있을 것이다.

신과 인간의 관계성에 대해서

상기 인용은 구약 성경 출애굽기 3장에서 따온 글이다. 너무나 잘 알려진 선지자 모세가 하나님을 만나는 장면으로 이는 인간과 신의 만남이라는 점이 색다르다. 인간과 신의 만남이라! 완전히 체급이 다른 격투기 아닌가? 상상도 할 수 없는 높은 차원에서 나를 완전히 꿰뚫고 있는 상대와의 맞닥뜨림이다. 이러한 상황에서 인간은 겸허할 수밖에 없고 진실할 수밖에 없을 것이다. 이를 다른 말로 바꾸어 말하면 스스로의 양심이나 믿음이나 지금까지 모든 배움에 비추어 조금치의 은폐나 가식이 있을 수 없다는 뜻이다. 그러나 이렇게 무대에서 각광(脚光, spotlight)을 받아 모든 것이 드러나는 순간처럼 자신을 완전히 노출된 상태에서 자신 스스로를 주시(注視)하는 눈의 입장은 공평무사(公平無私)하신 하나님의 눈(차원)과 다르지 않다고 본다. 유일신적 자신 밖의 신을 믿는 신앙인이라면 이 지점에서 엄격히 선(線)을 그어 신과 자신을 구별하는 쪽을 선호한다. 이렇게 선 긋기를 좋아하는 사람은 그에 따른 보상이 대개는 고통으로 주어지게 되는 게 엄연한 우주의 기본적 이법(Dharma)이다. 왜냐하면 하나 됨(oneness, unify, union)은 행복의 첫걸음이나, 구별은 이에 반하는 것이기 때문이다. 특히 이러한 입장이 신과 인간 사이의 관계(종교) 설정의 문제에 이르면 스스로 신성, 불성이 내재되었음을 모처럼 인식하는 행운을 만났음에도 불구하고 이를 내재화(內在化)하지 못한 채, 신과 인간의 구별은 결국 단절에 이르게 한다. 이는 자신 밖의 신을 상정하였기 때문이다. 결국 단절은 좌절에 이르고 이를 극복하고자 더욱 신에 매달리는 강박 신경증(强迫 神經症)에 도달하든지 아니면 분리공포(分離恐怖)에 시달리게 된다. 종교의 사명은 이러한 단절을 해소하는 과제가 가르침의 핵심이 되어야 한다. 이제까지 인류는 이 지점에서 가늠하기조차 어려운 고통과 갈등과 분쟁 아픔을 겪어 왔다. 이는 마치 자신의 손에 장난감을 갖고 있으면서 장난감을 잃은 것으로 착각하고 더욱 간절하게 장난감에 매달리는 어린아이에 비유할 수 있다.

여기 모세와 하나님의 만남이라는 설정이 구별된 유일신을 신봉하는 히브리 종교이고 모세는 그 선지자의 대표격이기 때문에 두말할 나위 없이 신과의 관계에서 단절의 면모가 더 크게 부각될 것이다.

그러나 히브리 종교에도 이 단절된 두 차원의 경계가 교리적 주장과는 달리 이면에는 인간과 신의 경계가 모호한 기록들을 성경 여기저기서 찾을 수 있다. 바로 여기 당사자 모세는 하나님과 세상 친구처럼 지냈다는 사실을 주목해 주기 바란다. 모세는 하나님과 내밀한 교감(交感, communion)을 갖고 있었으며 하나님은 모세를 친구처럼 대하셨다.[4] 40년을 홀로 외로운 광야에서(alone with God) 이드로의 양 무리를 치면서 오직 하나님만이 그의 친구가 되었고 그와의 교제의 깊이는 지기(知己)와 같았다. 이러한 예는 믿음의 조상인 아브라함에게서도 찾을 수 있다. 하나님이 소돔과 고모라를 멸망시키려 하실 때 아브라함은 하나님께 고(告)하기 어려운 질문을 무례를 무릅쓰고 거듭 퍼붓는 장면이 그것이다.[5] 이 대화에서 느끼는 것은 형식상 하나님을 어렵게 대하는 것으로 보이지만 의미상 친구와 논쟁하듯 심지어 하나님이 악인과 의인을 함께 심판하려는 것은 불가(不可)하다고 반박(反駁)하고 있는 모습까지 보인다. 더구나 17절 하나님이 아브라함을 대하시는 모습을 살펴보자. 여호와께서 가라사대 "나의 하려는 것을 아브라함에게 숨기겠느냐."[6] 하나님이 마치 모든 비밀을 서로 공유(共有)하려는 절친(切親) 같다. 이러한 친구 관계에서 나를 알아주는 벗을 지기(知己)라 하고 두려워하며 존경하는 벗을 외우(畏友)라 한다. 하나님과의 관계설정은 이와 크게 달라 보이지 않는다.

필자도 엄격하신 아버님의 가부장적(家父長的)인 가르침 속에서 자랐다. 나에게 아버님은 나를 누구보다 더 사랑하시고 자애로우신 분이었지만 아버지와 나의 속사정을 나눈다는 것은 상상도 못할 일이었다. 항상 아버지의 가르침이나 말씀을 경청, 순종하는 입장이었고 반론은커녕 아버님과 농담 한 번 나누지 못하는 본의 아닌 거리를 느끼며 살아야 했다. 지금이라면 용기 있게 아버님에게 다가갈 수도 있겠지만 어린 시절에 굳어진 관계설정은 감히 그러한 사고의 발상 자체를 무산(霧散)시켰다. 이러한 나의 경험은 지금까지도 나의 자녀에게도 이어져 그 영향을 미치고 있음을 새삼 깨닫게 된다. 이러한 필자의 개인적 이야기를 꺼내는 것은 어릴 적 부모와의 관계설정이 아주 중요한 것을 알았기 때문이다. 즉 그 대로 아버지 하나님과의 관계설정으로 이어지기 쉽기 때문이다. 나 역시 나의 무의식에 각인된 이러한 가부장적 관계설정은 그대로 하나님과의 관계설정으로 이전(移轉)되었다. 예수님도 이러한 인간과 하나님 사이의 단절에 대해서 그 심각성을 깊이 통찰하셨던 것으로 보인다. 예수님과 하나님과의 관계는 심히 가까웠을 뿐 아니라 이러한 가까운 관계가 모든 사람에게서도 자신과 같기를 간구하셨던 기록이 요한복음에 자세히 기록되어 있다. "아버지께서 내 안에, 내가 아버지 안에 있는 것 같이 저희도 다 하나가 되어 우리 안에 있게 하사 세상으로 아버지께서 나를 보내신 것을 믿게 하옵소서."[7] 예수님은 저 높이 천국 보좌에 앉아 자기 백성의 잘못을 감시하고 계신 하나님보다는 함께 친밀히 교제하는 친구 같은 하나님과의 관계를 넘어 자신과 하나님이 하나가 된 사실을 알리기 위해 세상에 임하신 것이다. 인간과 신을 분리하려는 관점[不一의 관점(觀點)]과 인간과 신이 둘이 아니라는 관점[不二의 관점(觀點)]에 대해서는 뒤에서 다시 상세한 논의가 있을 것이다.

이러한 불이(不二)에 근접(近接)한 관계는 이미 구약에서 아브라함이나 모세에서 대표적으로 찾아볼 수 있었다. 유태인의 인식은 인간이 신을 보면 죽을 수밖에 없다는 전제하에서, 인간이 신을 만나서도 죽지 않고 인간이 그의 친구를 대하듯 신과 얼굴과 얼굴을 서로 대면하였다는 점에서 모세는 특별한 선지자의 위치에 있다.[8] 신을 보면 죽을 수밖에 없다는 그 치명적(致命的) 독성(毒性)을 갖는 종교적(宗敎的) 도그마(Dogma)는 사실상 상기 모세, 아브라함, 그리고 예수에서처럼 여지없이 박살나 있다. 이제 성경의 줄거리로 돌아가 보자.

모세라는 이름은 "물에서 건져냈다."는 뜻이다. 그의 태생이 피지배 민족인 유태인 노예 출신이면서도 지배계급인 애굽의 공주에 의해 물에서 구해져 애굽의 왕자로 자라야 했다. 그는 그 출생과 성장부터가 예사롭지 않았다. 여하튼 이러한 태생적 배경에서 모세는 생모(生母)와 양모(養母) 사이를 오가며 자랐다. 그러기에 모세의 **"내가 누구관대"(나는 누구냐?)** 라는 질문에서 더욱 심한 갈등의 무게를 짐작할 수 있고 그에 대한 연민을 느끼게 한다. 자기 민족을 학대하는 애굽 병사를 돌로 쳐 죽이고 미디안 광야로 탈출하기 전까지 그의 삶은 구조적으로 심한 갈등을 양산해 내기 좋은 조건이었다. 급기야 분함을 참지 못해 살인을 저지르고 애굽 왕자로서의 모든 특권을 포기해야 했다. 불운은 여기에 그치지 않고 바로의 형벌이 두려워 광야로 내몰리는 신세로 전락하게 된 것이다. 40년을 거친 광야에서 외로이 전전하면서 자신의 겉껍질이 거의 벗겨져 나가고 많은 수행이 이루어졌을 것이다. 이제 하나님을 공식적으로 대면할 수 있을 정도로 영적 성장이 이루어졌다고 볼 수 있다. 앞으로 진행될 이야기를 다른 말로 표현한다면 40년간 사막에서 행해진 하나님의 개인 교습을 마치고 세상으로 나가기 전 하나님으로부터 안가(印可)를 받는 사건이라고 볼 수 있다. 여기서 하나님으로부터 인가를 받은 모세는 인가 전과는 결코 같지 않았다. 자 이제 성경으로 들어가 보자.

1 모세가 그 장인 미디안 제사장 이드로의 양무리를 치더니 그 무리를 광야 서편으로 인도하여 **하나님의 산 호렙**에 이르매

여기서 신과 인간의 만남의 장소가 **하나님의 산 호렙**으로 설정되어 있다. 하나님은 무소부재하신 분으로 삼라만상 어디든 아니 계신 곳이 없는데 여기서 특히 호렙산을 하나님의 산으로 지칭하는 것은 무슨 이유일

까? 유일신교의 특성상 신은 자신 밖 어디에 존재한다. 신 역시 독립적으로 홀로 존재하기 때문에 특정지역에 존재한다는 발상은 자연스러워 보인다. 하늘이나 땅 어느 한 지역에 존재한다는 무의식적 믿음이 여기서는 호렙산으로 등장하는 것이다. 그러나 이런 초보적 신 의식을 벗어난 입장에서 나름 그 의미를 찾아볼 수 있다. 아마도 호렙산은 황량한 미디안 광야의 세인이 범접(犯接)하기 어려운 높은 산이기 때문에 하나님의 산으로 지목한 것으로 보인다. 그러나 이 구절은 하나님이 마치 이곳에만 계시는 유일한 산으로 오해를 사기 쉬워 보인다. 추측컨대 신과 인간의 깊은 영적 교제는 신성한 것으로서 그 장소 역시 신성함을 암시하고자 번잡한 시장 바닥이 아니라 고요하고 깊은 산 호렙을 하나님의 산으로 일컬은 것으로 보인다. 모세는 어떤 힘에 이끌리듯이 광야 서편 바로 이 호렙산에 이르게 되고 거기서 하나님과 만나게 되었다.

2 여호와의 사자가 떨기나무 불꽃 가운데서 그에게 나타나시니라 그가 보니 떨기나무에 불이 붙었으나 사라지지 아니하는지라

모세가 처음 육안으로 대하는 하나님의 형상이다. **떨기나무 불꽃 가운데**에 계시는 모습이었다. 그 모습은 우리가 흔히 상상하듯 미켈란젤로의 그림에 나타나는 천상(天上)의 수염 달린 할아버지가 아니었다. 이는 대화가(大畵家) 미켈란젤로를 포함하여 범속한 보통 인간(layman)의 무의식에 자리 잡은 하나님 형상은 우리의 상상이나 사고가 얼마나 나이브(naive)한지 잘 보여 준다. 성경 필자의 묘사는 미켈란젤로의 그림보다는 상징적(象徵的)이고 은유적(隱喩的)인 기법(技法)을 택하고 있다. 물론 십계명 제2계명에 아무 형상이든지 만들지 말 것을 엄명해 놓았지만 우회적으로 하나님의 형상을 표현한 것으로 보인다. 이러한 견지에서 불가의 본래면목

또한 **의향즉괴(擬向卽乖) 언어도단(言語道斷) 불립문자(不立文字)**로 절대에 대한 표현 언급 자체를 엄격히 금하고 있다는 데서 공통된다.

떨기나무는 가시가 있어 일명 '가시 떨기나무'로 불린다. 번듯하고 우뚝 솟은 거대한 통나무가 아니라 낮은 키의 관목(灌木) 식물이라고 한다. 이러한 관목을 하나님의 상징으로 내세운 성경 필자의 의도는 무엇이었을까? '가시 떨기나무'의 진정한 상징(象徵)은 무엇일까? 상징이므로 성경 필자 자신이 아니라면 각자의 상상 추론일 수밖에 없지만 알려진 몇 가지 견해를 살펴보자.

'가시 떨기나무는 고통과 아픔을 상징하며 그 낮은 키는 고독과 소외, 광야의 생활과 환란을 뜻한다. 혹은 불타는 떨기나무는 고난받는 이스라엘을 상징한다. 떨기나무는 쉽게 불에 타 사그라진다. 하지만 불이 붙었음에도 사그라지지 않는 모습에서 고난의 불 가운데 있지만 죽지 않는 이스라엘을 뜻한다' 등등의 견해가 있다.

필자는 떨기나무의 가시에 주목한다. 가시는 분명 고통과 아픔을 상징한다. 단순히 이스라엘과 연계한 추론보다 종교의 근원적 차원에서 이 가시의 상징성에 접근하고자 한다. 이 떨기 가시나무는 고대 근동 팔레스타인 지역의 고고학적 발견 자료에서 드러나는바, 피 흘림 혹은 고통과 아픔을 상징하는 데 그치는 것이 아니라 가시나무와 신성의 결정적 연계성이 광범위하게 유포되었던 사실이 발견된다고 한다. 다시 말해 가시나무 자체(에덴동산의 생명나무?)[9]가 신성을 상징한다는 것이다. 이 가시나무에 얽힌 상징 추적은 본 서 길가메시 서사시와 유월절을 다루는 항목에서 더 자세히 논의할 것이다. 여기서는 가시 떨기나무가 에덴동산의 생명나무와 동일한 나무일 수도 있겠다는 추론과 함께 신성(神性)을 상징한다는 정도에서 그치고 '떨기나무 **불꽃** 가운데'의 불꽃을 살펴보자.

가시나무가 신성을 상징한다면 그 가시나무를 감싸고 있는 사라지지 않는 불꽃은 무엇을 상징하는가? 불꽃의 공능(功能)은 **공(空)**의 순수 활동성(純粹 活動性)으로서 능력(能力, power)이며 생명력(生命力)이며 역동적(力動的) 시행능력(施行能力, dynamicity)을 암시하고 있다. 그러므로 여기 **떨기나무에 불이 붙었으나 사라지지** 않는 모습으로 드러내려는 하나님은 가시떨기나무와 그것을 둘러싼 꺼지지 않는 불꽃이 항상 합쳐져 하나로 존재하고 있음을 보여 주고 있다. 생명의 근원이요, 모든 존재의 원천이며, 모든 일을 이루는 순수 활동성(純粹 活動性)이요, 시작도 끝도 없는 지극(至極)하고도 고요한 영원성(永遠性)이다. 이것이 바로 하나님이 하나님 됨의 본성이요 권능이다. 그리고 우리가 찾던 것이 바로 이것이다. 여기서 갑자기 나타난 **공(空)**은 앞으로 언급할 모세가 하나님의 이름을 여쭙는 장면에서 그 의미를 파악하게 될 것이다.

3 이에 가로되 내가 돌이켜 가서 이 큰 광경을 보리라 떨기나무가 어찌하여 타지 아니하는고 하는 동시에

모세도 드디어 하나님의 형상을 가시 떨기나무에서 찾았다. 그리하여 처음으로 튀어나오는 의심이 "떨기나무가 어찌하여 타지 아니하는고"였다. 떨기나무가 나무인데 불이 붙었으면 장작개비같이 왜 타지 않을까? 간단하다. 불이 떨기나무에서 발산(發散)되기 때문이며 스스로는 자신의 분출(噴出)한 불에 타지 않는 하나님이기 때문이다. 여기에 붙은 불은 외부에서 붙인 물리화학적 불이 아니다. 스스로 생성하여 스스로를 감싸고 있는 꺼지지 않는 영속적(永續的) 영적(靈的) 불이다. 이것은 하나님 능력의 상징이다. 이제 확연히 이해가 될 것이다. 모세는 이러한 추론의 잔

머리를 굴릴 여유도 없이 모세의 의심과 동시에 하나님은 모세를 불러 세우신다.

4 여호와께서 그가 보려고 돌이켜 오는 것을 보신지라 하나님이 떨기나무 가운데서 그를 불러 가라사대 **모세야 모세야 하시매 그가 가로되 내가 여기 있나이다**

모세가 하나님을 알현(謁見) 친견(親見)하는 감격을 맛볼 수조차 없이 하나님은 모세를 부르셨다. **"모세야 모세야 하시매"** 여기서 당신이 모세라면 이 부름이 어떻게 느껴지는가? 이 부르심은 사실 어마 어마한 존재 근원과의 소통이요 다가옴이다. 여기서 모세는 즉각 대답한다. 그가 가로되 **"내가 여기 있나이다"** 모세는 40년간을 미디안 광야의 외로운 양치기(The Lonely Shepherd)로 세상의 모든 노닥거림을 떠나 항상 하나님과 함께(스스로를 觀照, 알아차림, 주시, 참구, 수행)하며 수많은 세월을 거친 들판이나 바위 턱에 걸터앉아 수도 없이 많은 대화와 교제가 있었을 것이다. 그렇게 그들은 가까운 지기(知己)였고 하나님은 모세의 외우(畏友)였다. 여기에 이른 모세는 이미 하나님을 친견(親見)할 모든 준비를 마친 상태에 있었다. **"내가 여기 있나이다"** 나는 이 대목에서 목이 메고 뭐라고 형언할 수 없는 눈물이 솟구친다. 그 하나님의 부르심을 모세는 기다렸다는 듯이 대답한다. **"내가 여기 있나이다"**라고 절친이지만 종같이 낮아지고 겸허함이 배어 있는 대답이다. 애굽에서 쫓겨난 왕자도 아니고 애굽의 노에 신분도 아닌 하나님의 대리인으로서의 자격을 갖춘 것이다.

5 하나님이 가라사대 **이리로 가까이 하지 말라 너의 선 곳은 거룩한 땅이니 네 발에서 신을 벗으라**

하나님의 산 **호렙산이** 성소(聖所)라면 모세가 다가간 가시 떨기나무 는 지성소(至聖所)에 해당한다. 창세기 3장 24절에 묘사된 생명나무는 **이 같이 하나님이 그 사람을 쫓아내시고 에덴동산 동쪽에 그룹들과 두루 도 는 불 칼을 두어 생명나무의 길을 지키게 하시니라**(So he drove out the man; and he placed at the east of the garden of Eden Cherubims, and a flaming sword which turned every way, to keep the way of the tree of life.)에서 보듯이 그룹들과 두루 도는 불 칼을 두어 생명나무에 이르는 길 을 지키게 하셨던 것이다. 여기에 들어서려면 누구든 발에서 신을 벗어야 하는 거룩한 땅이다. 아무리 절친 모세라 하여도 이 과정이 생략될 수 없 다. 그렇다면 벗어야 할 신은 무엇인가? 거친 사막을 지나면서 더러워지 고 해지고 낡은 모세의 신은 무엇을 상징하는가? 신은 모세가 이 땅에서 활동하기 위해 신고 있는 보호대 혹은 받침대 같은 것이다. 이것을 벗으 면 맨발로 더러워지고, 다치고, 찢겨지고, 상처입기 쉬운 속 상태로 된다. 의미를 더 확장해 보면 최소한의 지지 기반이라고 볼 수 있다. 더 나아가 영적으로 보면 자아(ego, 我相)를 지칭하는 말에 다다르게 된다. **네 발에 서 신을 벗으**라는 말은 아상을 벗어나라는 뜻이다. 이러한 상태는 불가의 멸진(滅盡)에 해당한다. 즉 아상(我相, ego)이라는 마음[心-thoughts]과 마음작용[心所-thinking system] 자체를 와해(瓦解), 소멸(滅盡)시켜 무심 (無心) 무아(無我)의 상태에 이름을 말한다. 또한 이러한 궁극적인 경지 를 불가(佛家)에서는 어떻게 표현하는지 살펴보기 위해 여기서 대승기신 론(大乘起信論)의 한 절을 소개하겠다.

究竟覺(구경각)

如菩薩地盡(여보살지진) 滿足方便(만족방편) : 菩薩地(보살지)를 다한 것 같으면 방편을 만족하고 ; 菩薩地盡(보살지진)은 보살의 경지를 마침, 즉 보살 십지(十地)의 마지막 단계인 법운지(法雲地)를 마친 것을 말하고 滿足方便(만족방편)은 수행에 필요한 모든 방편을 다 완성함을 의미한다.

一念相應(일념상응) 覺心初起(각심초기) : 일념이 상응하여, 마음에 처음 일어나는 상(相)을 깨달아 ; 一念相應(일념상응)은 일념이 진여 즉 본각과 하나가 됨을 말하고, 覺心初起는 마음에 처음 일어나는 것을 깨달음을 말한다.

心無初相(심무초상) 以遠離微細念故(이원리미세념고) : 처음 일어나는 相도 없는바, 처음 일어나는 상이란 곧 무명으로 인해 처음 상이 생김을 말한다. 미세한 망념도 멀리 여읜 까닭에

得見心性(득견심성) 心則常住(심즉상주) : 마음의 본성을 볼 수 있어서, 마음이 곧 常住(상주)하니 마음이 늘 여여(如如)하여 변함이 없으니

名究竟覺(명구경각) : 구경각이라고 한다.

불가의 진여(眞如) 혹은 구경궁극(究竟窮極)에 대한 기술은 심리적으로 세밀(細密) 하고도 치밀(緻密)하여 물 샐 틈이 없다. 이제 다음 구로 넘어가 보자.

6 또 이르시되 나는 네 조상의 하나님이니 아브라함의 하나님, 이삭의 하나님, 야곱의 하나님이니라 **모세가 하나님 뵈옵기를 두려워하여 얼굴을 가리우매**

이상에서 시각적으로 자신의 상징적 모습을 보이신 하나님은 이제 자신의 이력을 언급하신다. 나는 "아브라함의 하나님, 이삭의 하나님, 야곱의 하나님"[10]이라는 것이다. 이스라엘 민족의 조상인 아브라함으로 시작

하여, 그 아들 이삭, 그리고 이삭의 아들 야곱… 이렇게 족보(族譜)를 제시하며 야곱 이후는 생략되었지만 대대로 그들의 하나님 되심을 상기시켰다. 이렇게 족보를 들어가며 말씀하시는 이유는 무엇일까? 신약 성서의 복음서에도 족보가 등장한다. 세계적으로 이 족보를 중시하는 민족이 우리 동이족과 유태민족이라고 한다. 우리와 그들은 강대국의 틈바구니에서 아픔과 질곡의 역사를 갖고 있다는 것과 족보를 중시하는 사유체계를 갖고 있다는 점에서 공통점을 찾을 수 있다. 고난과 족보 중시에는 혹시 어떤 인과관계가 있는 것은 아닐까? 두 민족 공통의 잦은 전란과 뿔뿔이 흩어지는 경험 속에서 대대손손 자신들의 뿌리와 정체성을 잃지 않으려는 노력으로 족보를 중시하는 문화가 태동되지 않았을까? 족보의 효용은 시간을 관통하는 그 역사성에 있다. 여기서 하나님이 족보를 들어가며 말씀하시는 이유는 아무리 많은 세월이 흘러도 그들의 하나님 되심과 그들의 하나님으로서 그들과 맺은 언약을 성실히 지켜 왔다는 하나님의 신실하심을 강조하기 위함일 것이다. 인간사 계약을 보면 사실상 지켜지지 않는 경우가 비일비재하나, 하나님은 언약(계약)을 과거 오랜 세월 동안 성실히 지켰다는 데서 향후 그 신실하심은 영원히 지속될 것이다. 지금 하나님은 자신의 신뢰성을 모세에게 일깨우고 있다. 여기서 히브리 종교의 언약(계약)에 대해서 언급하고자 한다.

언약(계약)의 종교

히브리 종교는 인간과 하나님과의 언약(契約關係)을 기반(基盤)으로 세워진 종교다. 다른 종교와는 사뭇 다른 특이한 종교라 하지 않을 수 없다. 언약은 서약을 통하여 언약 당사자들 사이의 결속(結束)을 확정하는 엄숙한 계약이라 할 수 있다. 계약이 성사되면 쌍방은 계약에 수반되는 책임과 의무가 주어진다. 서로가 상대방에게 책임적 존재가 되어야 한다는 점에서 쌍무적(雙務的)이다. 이 언약에서 필자가 주목하는 것은 하나님이 주도적 입장에 서 있지만 인간을 쌍무적으로 즉 자신과 대등한 상대로 인식하고 있다는 것이다. 이는 하나님 스스로 낮아지심이거나 인간을 하나님과 같은 동류로 높이거나 둘 중의 하나일 것이다. 하나님이 자신의 지위를 낮춘다 하여도 결코 낮아질 수 없다는 점에서 인간을 하나님과 같은 동류로 높여 인식하고 계시다는 주장이 보다 설득력이 있다. 여하튼 이러한 언약은 아브라함을 시작으로 그 이후 하나님과 이스라엘 민족 사이의 관계는 이 언약(계약)의 초석(礎石) 위에 전개된다. 이 언약은 유태교의 언약이지만 이는 또한 모든 개개 인간과 하나님과의 1:1의 관계 설정에도 동일하게 적용된다고 볼 수 있다.

여기서 하나님의 인간을 대우하시는 모습을 살펴볼 수 있다. 계약이라는 설정부터가 실력이야 어떻든 신과 인간의 자격이 대등하다는 전제하에서 이루어진다는 점을 간과(看過)하여서는 안 된다. 실력 차이를 무시한 계약의 대표적 예를 들어보겠다. 세계사에 그 유례가 없는 최빈국 대한민국과 세계 최강 미국과의 한미**상호**방위조약(韓美相互防衛條約, ROK-US Mutual Defense Treaty)이 그것이다. 엄청난 국력 차이도 전혀 문제가 안 되었다. 여기 **상호**(相互)라는 말에 유의하기 바란다. 어마어마한 국력 차이를 무시하고 동등한 지위에서 계약(契約, treaty)을 이끌어 낸 우리 조상님들의 지혜와 담력(膽力)이 엿보이는 우리의 피맺힌 역사다.

교회사를 보면 이러한 히브리 종교의 뿌리인 계약(契約, covenant)의 의미조차도 제대로 이해하지 못한 중세의 종교시노자들을 보게 된다. 교권을 휘둘러 신자들을 억압하려 할 때 하나님의 권위를 등에 업고 마구 날뛰는 중세 기독교의 교회사를 들추어 보면 그 비극을 필설로 다할 수 없다.

히브리 종교는 인간과 하나님 사이가 외형상 수직관계(垂直關係)로 보이지만 기실은 수평관계(水平關係)라는 그 연원(淵源)을 발견한 데서 큰 기쁨을 느낀다. 하나님은 이같이 인간을 자신과 동등하게 일으켜 세워서 우리를 대하시는 것을 잊어서는 안 된다. 이러한 하나님이 자기 백성을 박해한다면 말이 되는가? 하나님은 꿈에도 생각하지 않을 짓을 하나님의 종이라고 자칭(自稱)하며 하나님의 권위를 앞세워 신자들을 화형하고 억압 학대하는 교회 지도자들의 만행을 지나간 역사지만 개탄하지 않을 수 없다.

본문으로 돌아가 "나는 네 조상의 하나님이니 아브라함의 하나님, 이삭의 하나님, 야곱의 하나님이니라"고 말씀하시자 **모세가 하나님 뵈옵기를 두려워하여 얼굴을 가리우게** 된다. 어째서 하나님의 이 말씀에 모세는 하나님 얼굴을 뵈옵기를 두려워하여 얼굴을 가리우는가? 여기까지 모세가 하나님께로부터 들은 소리는 **"모세야 모세야"** 부르시는 음성과 **"이리로 가까이 하지 말라 너의 선 곳은 거룩한 땅이니 네 발에서 신을 벗으라"**는 것과 **"나는 네 조상의 하나님이니 아브라함의 하나님, 이삭의 하나님, 야곱의 하나님이니라"**는 이 세 마디 말씀이었다. 이 세 마디 말씀에 모세가 하나님 얼굴을 뵈옵기를 두려워하여 얼굴을 가리우게 된 원인이 숨겨져 있다. 필경 여기 이 말씀에서 모세는 신실하게 무엇으로도 꺾을 수 없는(invincible) 막강(莫强)한 힘의 강력(强力)으로 조상대대로 언약을 성취하시고 자신의 뜻을 이루어 내는 하나님 앞에 자신(我相)의 무가치함과 초라함을 깨닫게 되었을 것이다. 모세가 **하나님 뵈옵기를 두려워**하는 것은 당연하다. 그러기에 하나님은 **네 발에서 신을 벗으라**고 하셨던 것 아닌가? 절대(본래면목)의 그 광대무변(廣大無邊)함에 어찌 감히 자신의 비루(鄙陋)한 모습이나 초라한 자긍심(自矜心)을 비교할 수 있겠는가? 부끄럽고 수치스러워 얼굴을 들 수 없게 만들며 나아가 얼굴을 가리울 수밖에 없는 것이다.

이 절대에 대한 자긍심(我相)의 초라함이 잘 표현된 선가(禪家)의 덕산 선감(德山 宣鑒, 780-865) 선사(禪師)의 이야기가 떠오른다. 덕산은 「금강경」(金剛經)에 정통하였는데 금강경을 매우 빈번히 강의해서 사람들은 그의 성씨 주(周)를 따서 그를 주금강이라 불렀다 한다. 자의 반 타의 반 금강경의 '대가 주금강'은 장대에 자신의 저서인 「금강경 청룡소초」(金剛經 靑龍疏鈔)를 짊어지고 남방의 작은 귀신들의 소굴에 습격하여 그 종자(그 당시 남방에서 크게 성행하는 선종(禪宗)의 추종세력을 가리킴)를 없애려 하였다. 그리하여 덕산은 사천을 떠나 용담(龍潭)이 가르치고 있던 호남 지방으로 향하였다. 도중에 배가 고파 간식으로 한 노파의 떡을 사먹으려 짊어진 광주리를 내려놓았다. 노파가 광주리를 가리키며 무슨 책이냐고 묻자 덕산은 "금강경 청룡소초"라고 대답했다. 그러자 허접한 상인으로 보이는 노파가 금강경의 대가 주금강에게 법거량(法擧量, 선객들 사이에 깨달음의 정도를 견주어 보는 문답)을 해 보자고 도전하는 것이다. 예사 노파가 아니다. 숨겨진 고수(高手) 아니 선객(禪客)이었나 보다. "여쭈어볼 말씀이 있는데, 대답을 잘해 주시면 점심을 거저 드리고, 아니면 다른 사람한테로 가 보십시오. 「금강경」에 보면 '과거심(過去心)도 얻을 수 없고, 현재심(現在心)도 얻을 수 없으며, 미래심(未來心)도 얻을 수 없다고 했소. 그런데 상좌께서는 어느 마음에 점심을 들고자 하십니까?"(金剛經道 '過去心不可得, 現在心不可得, 未來心不可得'. 未審上座點那個心) 덕산은 대꾸할 말이 없었다. 천하의 주금강이 허접한 노파의 원 펀치에 나가떨어진 것이다. 자신의 자긍심 아니 정체성이 여지없이 무너지는 고통을 맛보았을 것이다. 덕산은 일찍 출가하여 율종(律宗)에서 율장계통에

박학하였다. 문제는 이론가나 학자(學者)는 실전에 약하다는 것이다. 이론에 정통하더라도 그 이론이 체화되어 자기 것이 되어 있지 않으면 아무 쓸모가 없다. 화살 쏘는 법에 이론적으로 정통하더라도 실제 쏘아서 명중시키지 못하면 아무 소용이 없는 이치와 같다. 지금 이 노파가 당신에게 똑같이 이렇게 질문한다면 당신은 무어라 대답하겠는가?

이렇게 용담의 초입부터 기가 꺾인 덕산은 그냥 용담으로 갔다. 그가 법당에 이르자 말하였다. 그 말하는 태도로 보아 아직도 기가 조금 살아 있다. "내 오래전부터 용담에 와 보고 싶었던 차에 이제 이 자리에 와 보니 연못[潭]도 보이지 않고 용(龍)도 보이지 않는구나." 용담을 쓰러뜨리려는 기선제압(機先制壓)이다. 그때 용담 선사가 나와 말을 받았다. "아닐세, 그대는 용담에 제대로 도착하였네." 침착하게 덕산의 예봉(銳鋒)을 받아치고 있다. 이 말은 아직 눈을 뜨지 못한 너의 눈에 만 그렇게 보일 뿐 지금 여기가 네가 찾던 그곳(龍潭, 본래면목)이라는 뜻이다. 보이지 않는 것은 아직 눈을 뜨지 못해서일 뿐 볼 눈이 있는 자는 볼 것이요 귀가 뚫린 자는 들리기 때문이다. 이 말에 덕산은 다시 말문이 막혔으나, 그는 한동안 머물기로 작정하였다. 어느 날 저녁 선사를 모시고 있을 때, 그는 덕산에게 말하였다. "밤이 깊었는데 어찌 물러가 쉬지 않는가?" 덕산은 밤 인사를 드리고 나갔다가 곧 다시 돌아와서 말하였다. "밖은 칠흑같이 캄캄합니다." 용담은 호롱불을 켜서 그에게 건네주었다. 그러나 막 호롱불을 받으려 하자 용담은 갑자기 불을 훅 꺼 버렸다. 이 순간에 덕산은 문득 깨달았고, 용담에게 예배하였다. "그대는 무엇을 보았는가?" 선사가 묻자, 덕산은 대답하였다. "이제부터는 온 세상의 노승들이 하는 말에 전혀 의심을 두지 않겠습니다."

용담은 호롱불을 켜서 그에게 건네주었다. 그러나 막 호롱불을 받으려

하자 용담은 갑자기 불을 훅 꺼 버렸다.

애써 켜 준 호롱불을 훅 꺼 버린 것은 무슨 까닭이며 무엇을 의미하는가? 용담은 그동안 덕산과 함께 지내며 그의 공부가 무루 익었음을 파악했다. 모세의 경우에도 보이듯이 호렙산을 오르기 전 공식적으로 하나님을 대면할 수 있을 정도로 이미 영적 성장이 이루어졌던 것과 비슷하다. 그러한 줄탁동기(啐啄同機)의 기회가 찾아오자 용담은 호롱불을 켰다가 그것을 껐을 때의 칠흑(黑暗) 같은 극명한 대조적 상황을 만듦으로써 덕산의 돈오를 꾀하고 있는 것이다.

이 순간에 덕산은 문득 깨달았고, 용담에게 예배하였다.

용담의 전략은 성공을 거두었다. 덕산은 깨쳤고 스승에게 감사의 인사를 드리고 있다. 이러한 전광석화 같은 의식의 변화를 눈치 챈 용담은 덕산을 점검하려 한다.

"그대는 무엇을 보았는가?" 선사가 묻자, 덕산은 대답하였다. "이제부터는 온 세상의 노승들이 하는 말에 전혀 의심을 두지 않겠습니다."

여기서 노승들은 선사(禪師)들을 가리킨다. 그동안 선가의 가르침을 오해하고 적대시하였던 자신을 반성하고 그들의 말에 전혀 의심을 두지 않겠다는 것이다. 자신의 깨침을 통해서 그들의 주장이 타당함을 깨달았기 때문이다.

다음 날 아침 용담은 법상(法床)에 올라 대중을 향하여 다음과 같이 선포하였다.

"그대들 가운데에는 그 이빨이 침엽수와 같고 그 입이 붉은 사발과 같은 자가 있는데 몽둥이로 갑자기 내려치더라도 고개를 돌리지도 않는다. 언제고 이 사람이 우리 종문(宗門)을 높은 산봉우리에 치켜세우리라."

이 사건을 통해서 덕산은 용담의 법을 이어받고 그의 후계자가 된다. 스승의 예측대로 선가의 '덕산 방, 임제 할'이라는 양대 종풍(宗風)의 하나인 '덕산 방'의 창시자가 출범하게 된 것이다.

같은 날 덕산은 모든 청룡소초를 법당 앞에 쌓아 놓고, 불을 지르며 말하였다.

깨침을 얻기 위해 그동안 쌓아 온 모든 노력과 고초를 상징하는 청룡소초를 법당 앞에 쌓아 놓고, 불을 지른다.

이 행위는 무엇을 말하는가? 목적지에 닿으면 뗏목은 버리라는 부처님의 말씀대로 시행하고 있는 것이다(得魚忘筌, 莊子) 그리고 이어지는 덕산의 포효(咆哮)다.

"번쇄한 논의는 태허(太虛) 안에 던진 한 오라기 머리카락과 같으며, 모든 재능의 과시는 깊이를 알 수 없는 바다에 던져진 한 방울의 물과 같다."(師將疏堆法堂前, 擧火炬曰, 窮諸玄辯, 若一毫置於太虛, 竭世樞機, 似一滴投于巨壑, 遂焚之.)[11]

이 표현은 모세가 하나님께 다가갔을 때 자신의 비루(鄙陋)한 모습이나 초라한 자긍심에 부끄럽고 수치스러워 얼굴을 들 수 없게 만들며 나아가 얼굴을 가리울 수밖에 없었던 그 상황과 비교할 만하다. 간결한 형태로 키포인트만 지적하겠다. 서로 대구를 이루는 단어만 비교해 보자.

호롱불(덕산)   ↔   칠흑 같은 밤(용담)

한 오라기 머리카락(번쇄한 논의) ↔   태허(太虛)

한 방울의 물(모든 재능의 과시) ↔   깊이를 알 수 없는 바다

[아상, 자긍심, ego, 덕산, 모세] ↔ [절대, 진아, 본래면목, 용담, 하나님]

상기 모든 대화는 양자 간의 대비(對比, contrast)를 드러내고 있다. 이러한 대비에 대한 통찰이 없으면 상기 드러난 은유, 비유적 표현은 해득할 수 없는 암호가 되어 버린다. 또한 좌변과 우변의 대비가 단지 크기와 규모의 차이라고 이해했다면 그 통찰력은 반쪽짜리밖에 안 된다. 우변의 아이템(item)들은 그 끝 경계(境界, demarcation)를 그을 수 없다는 공통성을 갖고 있다. 그러므로 여기서 힌트를 얻어 무한한 역동성을 깨달았다면 이 대비를 온전히 깨달은 것이다. 좌변과 우변의 차이는 단지 크기의 차이가 아니라 질적(質的)인 차이(差異)이기 때문이다. 우변의 목록들이 그 경계를 그을 수 없는 것은 살아 있는 생명력 즉 역동성 자체이기 때문이다. 결코 고정될 수가 없다. 좌변 명사형이 고정적 대상이라면 우변은 동사형의 역동성을 드러내며, 사실상 좌변은 우변의 역동성의 결과물에 불과하다. 이러한 절대적 역동성 앞에서 부끄럽고 두려운 인간의 모습을 잘 표현한 성경 한 구절을 인용하고 다음 구절로 넘어가겠다.

살아계신 하나님의 손에 빠져 들어가는 것이 무서울진저[12]

7 여호와께서 가라사대 내가 애굽에 있는 내 백성의 고통을 정녕히 보고 그들이 그 간역자로 인하여 부르짖음을 듣고 그 우고를 알고

8 내가 내려와서 그들을 **애굽인의 손에서 건져내고** 그들을 그 땅에서 인도하여 아름답고 광대한 땅, 젖과 꿀이 흐르는 땅 곧 가나안 족속, 헷 족속, 아모리 족속, 브리스 족속, 히위 족속, 여부스 족속의 지방에 이르려 하노라

9 이제 이스라엘 자손의 부르짖음이 내게 달하고 애굽 사람이 그들을 괴롭게 하는 학대도 내가 보았으니

10 이제 내가 너를 바로에게 보내어 너로 내 백성 이스라엘 자손을 애굽에서 인도하여 내게 하리라

출애굽기 성경 기자는 이스라엘이라는 민족 공동체의 일원으로서 당시 유태 민족의 역사적 상황을 하나님의 입을 빌려 상세히 기록하고 있다. 그러나 7절에서 10절까지의 내용은 그동안 미디안 광야에서 양치기로서의 삶을 살면서 모세가 내적으로 겪었으리라고 추정되는 내용을 그대로 담고 있다. 즉 자기 민족에 대한 뜨거운 사랑[그는 자기 백성을 해치는 자를 견디지 못하는 열혈한(熱血漢)이었다.]과 비참한 노예상태에 대한 비탄(悲嘆), 그들을 도울 수 있는 위치에 있었으면서도 분노를 참지 못하고 결국 도망자가 되어야 했던 아픈 과거에 대한 회한(悔恨), 하나님이 아브라함에게 주겠다고 약속하셨던 젖과 꿀이 흐르는 가나안 땅으로 자기 민족을 건져내고 싶은 소망(所望)과 염원(念願), 비록 그 땅이 현재 이방 족속들에 의하여 선점되었더라도 그들을 몰아내고서라도 그 땅을 되찾겠다는 각오(覺悟) 등이 그것이다. 바로 이 모세의 마음이 그대로 하나님의 명령과 약속의 형태로 제시되고 있다. 모세의 생각은 곧 하나님의 뜻인 셈이다. 더구나 출애굽기의 저자가 모세 아닌가? 모세는 내면의 또 하나의 자신(하나

님)의 입을 빌려 자신의 뜻을 펼치는 것으로 보인다. 다음을 보자.

모세의 대변자 하나님(출애굽기 32:7-14)

7 여호와께서 모세에게 이르시되 너는 내려가라 네가 애굽 땅에서 인도하여 낸 네 백성이 부패하였도다

8 그들이 내가 그들에게 명한 길을 속히 떠나 자기를 위하여 송아지를 부어 만들고 그것을 숭배하며 그것에게 희생을 드리며 말하기를 이스라엘아 이는 너희를 애굽 땅에서 인도하여 낸 너희 신이라 하였도다

9 여호와께서 또 모세에게 이르시되 내가 이 백성을 보니 목이 곧은 백성이로다

10 그런즉 나대로 하게 하라 내가 그들에게 진노하여 그들을 진멸하고 너로 큰 나라가 되게 하리라

11 모세가 그 하나님 여호와께 구하여 가로되 여호와여 어찌하여 그 큰 권능과 강한 손으로 애굽 땅에서 인도하여 내신 주의 백성에게 진노하시나이까

12 어찌하여 애굽 사람으로 이르기를 여호와가 화를 내려 그 백성을 산에서 죽이고 지면에서 진멸하려고 인도하여 내었다 하게 하려하시나이까 주의 맹렬한 노를 그치시고 뜻을 돌이키사 주의 백성에게 이 화를 내리지 마옵소서

13 주의 종 아브라함과 이삭과 이스라엘을 기억하소서 주께서 주를 가리켜 그들에게 맹세하여 이르시기를 내가 너희 자손을 하늘의 별처럼 많게 하고 나의 허락한 이 온 땅을 너희의 자손에게 주어 영영한 기업이 되게 하리라 하셨나이다

14 여호와께서 뜻을 돌이키사 말씀하신 화를 그 백성에게 내리지 아니

하시니라

필자는 이 기록에서 하나님의 말씀으로 기록된 구절은 모세와 모세 내면의 또 다른 모세(identity)와의 대화로 보인다. 모세와 당위(當爲)의 하나님(우리가 마땅히 그러해야 하리라고 생각하는 하나님) 사이에서 모세의 중재와 중보의 입장이 두드러지게 보인다. 결국 하나님께서 화를 누그러뜨리고 벌을 내리지 아니하셨다. 허나 여기서 하나님의 감정 처리가 처음부터 완벽하여 보이지는 않는다. 모든 백성을 다 쓸어버리시겠다고 진노하시는 하나님의 모습에서 신의 조급하고 충동적인 면모를 부인하기 어렵다. 하나님의 진노는 수십만 이스라엘 백성을 진멸하여 쓸어버리고 모세로 하여금 다시 큰 나라를 이루시겠다는 엄청난 것이었다. 물론 모세는 하나님을 설득하나, 이일 후에 모세 또한 하산하여 이스라엘 백성의 범죄를 보고 진노하여 하나님이 쓰신 돌 판을 내던지는 거룩한 분노를 보이고 있다. 그러나 이러한 모세의 분노는 백성 자체에 대한 분노라기보다는 하나님이 특별히 금하신 우상숭배라는 그들의 무서운 죄악에 대한 것이었다. 여하튼 죄와 죄지은 사람을 구별하고 있는 것을 볼 수 있다. 그러므로 여기서 보이는 하나님의 분노는 오히려 부족한 인간이 일차적으로 일으키는 의분에 가깝다. 이러한 모습은 우리가 생각하는 절대적인 신의 모습이라기보다는 모세의 의식 내부에서 두 모세[two entities-ego and super ego]가 대립(對立)과 갈등(葛藤)의 흔적을 시사하는 것으로 보이기 때문이다. 모세가 하나님과 대화하는 장면에 대해서 성경에는 모세가 하나님과 얼굴과 얼굴을 맞대고 (He spoke face to face with God) 하였다는 표현에서도 이러한 정황을 유추할 있다. 유태교의 신은 여호와로 내재적 신이 아니다. 그러나 모세와 대화할 때는 모세 안에 거하는 내재신과 다를 바 없다. 성경 기자는 이러한 상황에 대해서 모세가 사람(친구)을 만나서 대화하는 것처럼 마치 하나님의 심박을 느낄 수 있었던 것처럼 표현하고 있다. 여하튼 일이 이행되는 역할의 관점에서 본다면 하나님과 모세의 역할이 오히려 뒤바뀐 것으로 보인다. 인간 모세의 역할이 하나님보다 성숙해 보이기 때문이다. "이후 너희로 젖과 꿀이 흐르는 땅에 이르게 하려니와 나는 너희와 함께 올라가지 아니하리니 너희는 목이 곧은 백성인즉 내가 중로에서 너희를 진멸할까 염려함이니라 하시니"[13] 이러한 모순은 외재신인 유일신교의 한계라고 생각된다.

여하튼 우리의 관심은 인간과 하나님의 만남이기 때문에 이 부분에 대한 언급은 여기서 그치기로 한다. 한 가지 주목할 것은 하나님을 만난 이후 모세 자신의 의식 변화에 대한 표명 보다는 하나님의 인가(印可)와 대리자로서의 위임이 3장 10절[이제 내가 너를 바로에게 보내어 너로 내 백성 이스라엘 자손을 애굽에서 인도하여 내게 하리라]에 먼저 나타나고 있다. 모세의 의식변화를 알아볼 수 있는 구절은 다음 11절이다.

11 모세가 하나님께 고하되 "**내가 누구관대** 바로에게 가며 이스라엘 자손을 애굽에서 인도하여 내리이까"

"내가 누구관대" 이 말에는 과거 자기 정체성 혼란으로부터 시작하여 하나님 앞에서의 무가치하고 초라한 모습(空性)과 함께 하나님 대리자로서의 자격미달을 고백하고 있다. 자신의 무가치하고 초라한 모습(**空性**)을 뼈저리게 느끼면서 의식이 변성이 이루어졌음이 확실하다. 과거 애굽 왕자로서의 위풍당당함은 이미 오래전에 버린 것이었지만 그것을 떠나서 40년을 광야에서 하나님의 개인 교습을 받았음에도 그나마 자신의 내면에 미세하게 갖고 있던 자긍심(自矜心)마저 여지없이 붕괴되어(**以遠離微細念**, 대승기신론) 하나님께 납작 부복(仆伏)하고 있는 것이다. 이에 대하여 하나님은 모세를 일으켜 세우신다. 모세의 태도 자체가 하나님께서 쓰실 만한 재목이 된 것이다.

12 하나님이 가라사대 **내가 정녕 너와 함께 있으리라** 네가 백성을 애굽에서 인도하여 낸 후에 너희가 이 산에서 하나님을 섬기리니 이것이 내가 너를 보낸 증거니라

그리하여 하나님은 모세에게 너는 나의 사람으로서 충분한 자격이 있다는 인정과 함께 **내가 정녕 너와 함께 있으리라**고 기운을 북돋우신다. **내가 정녕 너와 함께 있으리라**는 구절은 불가에서 제법(諸法)에 이미 신성(불성)이 내재하고 있다는 가르침에 해당한다. 출애굽기 여기서는 이 시점에 [약속]의 형태로 신성이 부여되는 것처럼 표현되고 신약 성경에서는 성령(聖靈)이 임(臨)하심(마가복음 1:10)으로 표현된다. 그러면 중생의 내면에 신성(神性) 혹은 불성(佛性)이 이미 존재하고 있다는 불가와 히브리 종교의 관점은 다른 것인가? 답은 그렇지 않다는 것이다.

예수께서 가라사대 너희 율법에 기록한바 내가 너희를 신이라 하였노라 하지 아니하였느냐[14]

내가 말하기를 너희는 신들이며 다 지존자의 아들들이라 하였으나[15]

신구약 성경에 인간이 신이라는 표현이 다수 발견된다. 이미 신으로서 태어났다면 이미 내재된 신성 혹은 성령을 새삼스레 받고 말고가 쓸데없다. 단지 숨겨진 신성에 대한 새로운 자각(自覺)이 있을 뿐이다.

다시 본문으로 돌아가 하나님은 모세에게 권위를 부여하여 앞으로 이

스라엘 백성을 구원할 막중한 사명을 맡기시는 것이다(깨침 이후 불가의 衆生濟度咐囑). 이상에서 보이듯이 [하나님-대리자]를 인정 위임의 장면은 의미상 선가의 [스승-제자]의 전법과정(傳法過程)과 크게 다를 바 없다. 이제 다음 구로 넘어가자.

13 모세가 하나님께 고하되 내가 이스라엘 자손에게 가서 이르기를 너희 조상의 하나님이 나를 너희에게 보내셨다 하면 그들이 내게 묻기를 **그의 이름이 무엇이냐 하리니 내가 무엇이라고 그들에게 말하리이까**

모세의 이 하나님의 이름에 대한 완곡(婉曲)한 질문은 사실상 하나님 당신의 정체성을 밝히라는 당돌한 질문이다. 이에 대하여 하나님은 그 이름을 밝히신다.

14 하나님이 모세에게 이르시되 **나는 스스로 있는 자니라** 또 이르시되 너는 이스라엘 자손에게 이같이 이르기를 스스로 있는 자가 나를 너희에게 보내셨다 하라

아주 유명한 구절이다. 나는 스스로 있는 자니라(I AM THAT I AM). 이 말씀에 대해서 지금까지 수많은 해설을 접할 수 있었다. 그러나 항상 미흡함이 뒤에 남았다. 기대치에 못 미치기 때문이다. 어려서부터 기독교인으로서는 물론 노년에 이른 현재까지 생각날 때마다 참구한 구절이니 반세기 이싱 풀리지 않는 화두(話頭)였다. 수개월 전 이 말씀을 문법적 구조에서 접근해 보자는 생각(idea)이 떠올랐다. 그 결과 스스로도 깜짝 놀랄 결과가 도출되었다.

I AM THAT I AM은 인도의 성자 라마나 마하리쉬(Ramana Maharshi)

가 성경에서 유일하게 대문자로 표기된 문장이라고 지적한 바 있으며, 하나님의 이름으로 알려져 있다. 이 문장은 문법적으로 S+V+(C)의 2형식 문장이며 보어 역할을 하는 (C)는 생략되었다. 생략된 (C)는 관계대명사(關係代名詞, Relative Pronoun) THAT으로 이끄는 종속절(형용사절)로 수식하고 있으며 이 종속절은 다시 S+V의 2형식 문장으로 (C)가 생략되어 있다. THAT은 주절의 생략된 보어를 수식해 주는 관계대명사이고, THAT 이하는 주격 보어절로서 문장상 보어이지만 의미상 주어와 보어가 동등한 동격이다. 이상이 영문법적 구조이다. 이를 구문론(構文論)으로 도식화(圖式化)해 보면:

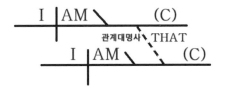

I AM THAT I AM : 이 특이한 문장의 구조는 보어(補語, complement)의 자리가 공란(空欄)( )으로 비워져 있다. 비워져 있음은 공(空)이지만 다른 한편 가능성(可能性)을 내포한다. 그러므로 그 공(空)한 자리에 무엇이든지 I(나)의 마음대로 넣을 수 있다는 뜻이다. 즉 THAT 이하의 I AM의 보어(空 C) 가 결정되면 주절 I AM의 보어(절)[THAT I AM(空 C)]가 성취되는 구조이다. 만일 空 C의 자리에 I(나)가 C1을 넣기로 결정하면 I(나)는 결국 C1이 성취되어 나온다는 것이고, 만일 空C의 자리에 I(나)가 C2를 넣기로 결정하면 I(나)는 결국 C2이 성취되어 나온다는 마법이다.

I AM의 보어(空 C1)　　→　　I AM [THAT I AM(空 C1)

idea 상태의[C1]   →   현실로 성취된[C1]

또한 THAT 이하의 I(나)가 → 주절의 I(나)로 변화하는 과정(process)이 동시에 진행되며 보어의 자리(空 C)에 무엇이든 I(나)의 임의에 따라 그대로 실행 성취되어 현실(C)로 드러난다는 의미이다. 내가 한정하는 그대로 내가 된다는 의미이다. THAT I AM의 보어 자리의 (空 C)의 자리는 의식이나 생각(idea) 혹은 상상, 꿈 등으로 내가 마음대로 한정할 수 있는 자리로 눈에 보이지 않는(**非可視的, unvisible**) 빈(空) 자리이며 I AM[THAT I AM(空)]의 자리는 보이지 않던 의식의 세계가 내가 한정한 대로 눈에 보이는(**可視的, visible**) 현실로 성취된 색(色)의 자리로 우리가 내 꿈이 이루어졌다!(My dream comes true!)라고 외치는 자리이다. 이는 반야심경(般若心經)의 **공즉시색(空卽是色)**과 정확히 일치한다. 이러한 의미에서 하나님의 이름은

공(空)

+

Dynamicity(力動性), Potentiality(可能性),

Vitality(生命力), Viability(실행 가능성)

이라는 뜻이다. 즉 공(空)과 공(空)의 순수 역동성(純粹 力動性)이 동전의 양면처럼 하나로 합쳐져 공존(**가시떨기나무 + 사라지지 않는 불꽃**)하고 있다. 이는 반야심경의 공(空)이 즉하면 색(色)이 된다(내가 공의 역동성으로 즉하면-마음을 먹으면-색이 된다)는 **공즉시색(空卽是色)**과 정확히 일치한다는 데서 놀라움을 금할 수 없다. 전혀 뿌리가 달라(?) 보이는 두 종교의 최고 원리에서 한 치의 오차도 없이 일치하고 있는 것이다. 그

러나 실상은 두 종교의 뿌리가 같다는 사실이 본 서를 읽어 가는 중에 자연히 밝혀질 것이다.

I AM THAT I AM = 공즉시색(空卽是色)
나는 스스로 있는 자니라

이 하나님의 이름은 바로 **우리 인간의 하나님 됨**을 말하고 있다. 즉 이 말씀에서 하나님은 우리 삶의 주재권(主宰權)을 인간 스스로에게 주셨다고 믿는다. 모세에게 하신 이 말씀은 너는 나와 같은 능력의 신성, 즉 자질(**I AM THAT I AM**)이 있다는 것이다. 즉 공즉시색할 수 있는 능력이 너에게 내재되어 있다는 말씀이다. 그러니 너는 그러한 신성을 발휘하여 네 능력을 마음껏 펼쳐가라는 말씀이다.

여기서 하나님은 나와는 근본이 다른 하나님이니까 **I AM THAT I AM**이 당연하고 나는 필멸의 인간에 불과(不過)하니 나에게는 해당이 안 된다는 사람이 있을 것이다. 그렇다면 무엇 때문에 이 이야기를 거론했겠는가? 누가 그것을 모르나? 자신과 하나님의 분리됨을 다시 한번 확인한 꼴밖에는 안 된다.

우리 각자의 처한 현실적 상황은 이러한 능력이 자신에게 있다는 사실조차 깨닫지 못하고 자기 나름대로 **I AM THAT I AM**을 행사해 온 결과라는 사실을 깊이 통찰하기 바란다.

모세는
자신의 이러한
I AM THAT I AM(空卽是色)
능력을 깨닫고

당당하게

호렙산을 내려와(山門下山)

자기 백성을

애굽에서 구하고자(衆生濟度)

장도(壯途)에 올랐다.

제3장

길가메시
서사시

죽음과 영생의 경계

이번 챕터에서는 구약 성경 출애굽기(BC 1446-1440 기록, 저자 : 모세)보다 수십 세기 앞선 것으로 추정되는「길가메시 서사시」를 탐구하고자 한다. 정확한 기록 연대는 알려져 있지 않으나 호메로스의 서사시(기원전 8세기)보다 1500년가량 앞선 것으로 평가된다. 이 서사시는 메소포타미아 지역(이라크 남부)에 대략 BC 5000년경 시작된 수메르 문명의 소산이다. 즉 이 문명에서 구전되어 오던 전설과 신화를 BC 2750년경 실존 인물로서 우루크(Uruk) 왕이었던 길가메시를 주인공으로 작품화한 것으로 현존하는 세계 최초의 서사시(敍事詩)로 알려져 있다.[16] 이번 챕터에서는 다음의 내용을 다룰 것이다.

첫째, 이 서사시를 통하여 고대인들의 신과 죽음과 삶(영생)에 대한 의식을 탐구하고자 한다.

둘째, 수메르의 역사 속의「길가메시 서사시」를 통해서 세계의 모든 종교의 시원이 동이족의 조상인 환국(桓國)의 신교(神敎)에 뿌리를 두고 있음을 밝히고자 한다.

셋째,「길가메시 서사시」와 창세기의 연관성 밝히고자 한다.

넷째, 「길가메시 서사시」와 창세기의 비교를 통해 삶의 주체에 대한 통찰을 얻고자 한다.

먼저 셋째 「길가메시 서사시」와 창세기의 연관성을 보자. 필자는 성경이 기록되기 수십 세기 전에 기록된 인류 최초의 이 서사시에서 구약 성경과 유사한 내용이 다수 발견된다는 사실에 주목한다. 수메르인들의 고대 전설과 신화와 지혜 등이 담긴 이 작품에서, 창세기의 여러 이야기와 중첩되니 깊은 연관성을 부인할 수 없다. 필자의 추정은 창세기의 성경 기자는 분명히 고대 근동의 종교적 설화나 신화를 포함하여 「길가메시 서사시」에 대한 폭넓은 소양을 갖고 있었으리라고 추정된다. 유명한 노아 홍수에 대한 성경의 이야기는 「길가메시 서사시」에 거의 동일하게 기재되어 있음이 잘 알려져 있는 사실이고 「길가메시 서사시」의 몇몇 내용들을 창세기와 병치(竝置)시켜 본 결과 그 유사성이 한두 가지가 아님을 발견할 수 있었다. 성경의 내용들이 하나님의 계시에 의하여 특별히 이스라엘 백성에게만 계시된 것이 아니었던 것이다. 성경이 이스라엘 유일신의 것이라면 그 근방 여타 민족의 신화나 전설과는 사뭇 달라야 한다. 왜냐하면 유태교의 교의상 유태인은 이방 족속들과는 구별되며 그들의 종교 역시 이방과는 다른 유니크한 고유성을 반드시 가질 것이기 때문이다. 그럼에도 불구하고 성경과 동일하거나 유사한 내용들이 성경이 기록되기 오래전부터 고대 근동이나 북부 아프리카에 널리 유포되어 공유되고 있었던 사실에 당혹하지 않을 수 없었다. 특히 노아의 홍수 설화는 아프리카, 아시아, 유럽 등의 설화에도 등장하며, 성경 노아의 대홍수와 마찬가지로 역시 심판이나 죄값의 상징으로 사용되었다. 모세가 기록한 것으로 알려진 창세기, 출애굽기 등의 내용이 하나님이 모세에게만 특별히 계시 및 기록하였다는 주장은 그 신빙성이 떨어지게 되었다. 여기서 창세기를 포함한 구약 성경과 「길가메시 서사시」를 위시한 메소포타미아 신화의 유사성을 예시하고자 한다.

1. 우트나피슈팀의 방주(方舟)
   : 노아의 홍수 이야기, 8인의 생존, 船[여덟(八) 식구(口)가 탄 배(舟)], 아트라하시스 서사시의 지우스트라, 비둘기, 제비, 까마귀)

2. 가시나무 같은 식물(회춘초)의 호렙산의 가시떨기나무의 유사성

3. 회춘초를 물고 달아나는 뱀 한 마리와 성경에 나오는 에덴동산의 뱀과의 유사성(뱀은 낙원 추방의 주범이다.)
   : 뱀이 물고 달아난 회춘초는 다시 젊어지게 하는 식물(영생을 상징)로 회춘초 상실의 주범이다.

   • 뱀은 과거의 허물을 벗는 새로운 성장(지혜)의 상징이바, 성경에서 이 개념을 그대로 차용하고 있다.
   : 모세가 놋뱀을 만들어 장대 위에 다니 뱀에게 물린 자마다 놋뱀을 쳐다본즉 살더라[17]

4. 엔키두와 길가메시의 관계와 에서와 야곱의 관계의 유사성
   • [엔키두-길가메시] : [에서-야곱]
   • 엔키두의 온몸은 털로 뒤덮여 있었고 : 에서의 널 짐승 가죽옷
   • 길가메시의 매끈매끈한 살 : 야곱의 매끈매끈한 살
   • [엔키두-길가메시]는 경쟁자이자 친구 : [에서-야곱]은 경쟁자이자 쌍둥이 형제

5. 에와와 엔릴과의 대화와 아브라함과 하나님의 대화의 유사성
   : 인간들의 멸절과 심판 이전 하나님의 자비를 구함(창세기 18장 소
   돔고모라 멸망 전)

6. 쏟아지는 빵덩어리와 광야에서의 만나

7. 죽음의 바다 건너기와 성경의 요단강 건너기의 유사성

8. 엔키두의 해몽과 다니엘과 요셉의 해몽의 유사성

9. 흙으로 인간을 빚음 : 길가메시와 성경에서 동일함

천지창조 신화(神話)는 실은 이스라엘 민족으로부터 나온 것이 아니
라, 그보다 1000년 이전에 쓰인 바빌로니아의 서사시 「에누마 엘리쉬」
(Enuma Elish)의 창세 이야기의 복사본이며[18] 길가메시 서사시와 성경의
중첩 유사한 이유는 토라(모세 5경)의 저자가 모세이기 때문일 것이다.
그가 미디안 광야로 도망하기 전 애굽의 왕자로서 그 시대에 널리 유포된
전설, 신화나 지혜 등에 대한 폭넓은 교육을 받았을 것이다. 그 배운 내용
은 상당 부분 창세기에 반영되었으리라는 추론이 가능하다. 그러므로 창
세기는 하나님의 입을 빌린 모세의 저작(著作)에 더 가깝다고 생각된다.
마찬가지로 토라는 모세가 하나님과 1:1로 대면하여 하나님의 신령한 계
시에 의해서 기록되었을 것이라는 주장은 신빙성이 떨어진다.
다음으로 넷째, 「길가메시 서사시」와 창세기를 비교해 보자. 단지 두 작
품의 기록 양식을 비교해 보면 인간 삶의 주체가 누구에서 누구로 바뀌었
는지에 대한 통찰을 얻을 수 있다. 즉, 「길가메시 서사시」에서는 주인공

이 한 인간에 얽힌 이야기로 서술되며 신이 결코 주인공이 아니다. 그리고 여러 신들이 등장하지만 그들의 역할은 길가메시를 중심으로 그 주변에서 조연으로 묘사된다. 그러나 창세기는 인간의 문제를 다루지만 그 주체는 인간이 아니라 하나님이다. 그리고 거기에 부수되어 여러 인간(족장들)의 이야기가 묘사된다. 이러한 주인공의 배역이 인간에서 신으로 바뀌었다는 사실이 그리 중요치 않은 것으로 간과할 수도 있다. 하지만 무의식적인지 의식적인지는 알 수 없으나 저자들의 관점이 시대적으로 변화한다는 사실에서 커다란 종교 철학적 방향 전환을 감지할 수 있다. 이 문제는 우리 삶의 주체가 누구냐? 하는 원초적 종교 철학적 가치관의 문제와 연루(連累)된다. 이러한 변화에 민감한 것은 과거부터 두고두고 인류를 괴롭히는 사유 방식의 씨앗을 내포하고 있다는 데 있다. 앞으로 신교 사관에서 논하겠지만 이 신교 사상의 영향권하의 「길가메시 서사시」는 인간의 위상이 신보다 오히려 우선시되는 반면, 아브라함의 유일신 이후 모세의 창세기에서는 하나님이 우선시되는 변화에 주목하여야 한다. 이 문제는 결국 신약에 들어와 '인자는 안식일의 주인이니라'[19]는 예수의 언명으로 복원(復元)되기는 하지만 역사적으로 얼마나 많은 우여곡절을 겪어야 했던가?

그러면 원 주제로 돌아가 길가메시의 서사시를 살펴보자. 전문을 전부 다룰 수 없기 때문에 필요한 부분만 발췌(拔萃)하여 보겠다.

* * *

길가메시, 우트나피슈팀에게 말했다.
"당신을 봅니다. 그러나 당신 모습은
저와 다르지 않습니다. 저와 같습니다.

전에는 당신과 싸우려고 했지만
당신을 뵌 지금은 그렇지 않습니다.
어떻게 신들의 모임에 참석할 수 있었고
어떻게 영생을 얻었는지 말씀해 주십시오."[20]

영생불사(永生不死)와 행복은 인류 공통의 영원한 바람일 것이다. 모든 종교가 이러한 인간의 염원과 행복을 겨냥하는 것은 당연하다. 영생불사의 문제는 풀기 어려운 것이지만 근원적인 것이기 때문에 결코 포기할 수 없는 과제이기도 하다. 고래(古來)로 중국 진시황은 **불로초(不老草)**를 구하고자 하였고, 본 「길가메시 서사시」에서는 이를 **회춘초(回春草)**로 묘사된 것이 확인된다. 이 영생불사의 염원을 달성하기 위해 대부분의 종교는 인간과는 구별된 신의 존재를 상정한다. 우리의 관심은 오늘날과 같이 신과 인간의 분리가 고착된 종교를 떠나서 고대인들이 **인간과 신의 경계** 혹은 **죽음과 영생의 경계**에 대해서(첫째 주제) 어떠한 생각을 갖고 있었으며 어떻게 영생불멸에 도달하고자 하였는가 하는 문제이다.

상기 구절은 길가메시 서사시 후반부에서 나오는 일 절인데 여기서 발견되는 것은 필멸의 인간인 길가메시가 영생을 달성한 우트나피슈팀에게 그 비밀을 알고자 하는 것이다. 나와 다르지 않은 것으로 보이는 인간인 당신이 어떻게 신들의 모임에 참석할 수 있었고 영생을 얻었느냐는 것이다. 길가메시는 원래 여신인 어머니와 인간인 아버지 사이에서 태어난 존재로서 2/3가 신이고 1/3이 인간으로 묘사된다. 그러나 길가메시 본인의 스스로에 대한 인식은 막역지우(莫逆之友)인 엔키두의 죽음 이후 필멸(必滅)의 인간으로 인식하고 있다. 이상한 점은 길가메시는 원래 2/3가 신이고 1/3이 인간이므로 산술적으로 반 이상이 신인데도 불구하고 친구의 죽음에 충격을 받은 것인지 자신의 정체성(entity)을 인간으로 하향 못 박고 있다는 점이다. 물론 이러한 설정은 길가메시가 완전한 신의 의식(3/3)에 이르기 위해서는 깨침 혹은 영적 진보가 더욱 진행되어야 함을 암시하는 것으로 보인다.

> 삶과 죽음의 문제를 곰곰이 생각하며
> 오랫동안 황야를 떠돌아 다녔어요.[21]

그의 분리 망상은 여기서 보듯이 자신의 절친한 친구인 엔키두의 죽음 후에 자신도 엔키두와 같이 불사의 존재가 아니라는 사실에 완전히 경도(傾倒)되어 죽음을 피할 방법을 찾아 떠돌아 다녔던 것이다. 드디어 그가 만난 우트나피슈팀도 이렇게 말한다.

> 길가메시, 너는 필멸의 인간이다.

2/3가 신이라는 사실에 일말의 희망을 가졌더라도 그것마저 무참히 무너지는 아픔을 겪었을 것이다. 1/3이 인간인 이상 그가 아무리 대단한 인물이라 하여도 결국 필멸이라는 결론이다.

> 길가메시, 이 세상 모든 걸 알았고
> 모든 일들을 경험했던 사람이다!
> 모든 문제에 현명했던 사람이다!

비록 길가메시가 그렇다 할지라도 반드시 죽는다(必滅)는 사실에는 변함이 없다.

그러면 길가메시가 찾아가 영생불사를 묻는 우트나피슈팀은 어떤 사람인가? 이 인물은 창세기에 나오는 노아와 동일한 인물로 보이는바, 대홍수에서 살아남은 사람으로서 전에는 인간이었으나 신이 된 사람이다.

> 신들의 왕 엔릴께서 말씀하셨다.
> "우트나피슈팀이 전에는 인간이었다.
> 그러나 이제 우트나피슈팀과
> 그의 아내가 우리와 같은 신이 되게 하라!
> 우트나피슈팀은 머나먼 곳에 있는
> 강들의 입구에 살게 되리라!"[22]

이상에서 몇 가지 사실을 지적하고 싶다. 그것은 길가메시에서 드러나는 고대 근동 사람들(수메르인)의 인간관(人間觀) 내지는 신관(神觀)이다.

첫째, 길가메시는 가장 훌륭한 인간 중 하나로 묘사되는바, 인간의 자질을 최대한 성취한 인간이란 점에서 아담을 인간의 전형(典型)으로 보듯이 길가메시도 모든 인간을 대표하는 전형으로 보는 것이 좋을 것 같다. 그런데 바로 이 인간의 전형인 길가메시는 앞에서 보았듯이 신(2/3)과 인간(1/3)이 혼재(混在)하고 있다. 인간과 신이 이미 한 몸을 이룬 존재였다는 것이다. 이러한 관점에서 수메르인들은 인간과 신이 완전히 분리된 이질적인 존재로 생각하지는 않는 것으로 추정된다. 이미 2/3는 신이지만 나머지 1/3마저 신이 되기 위해서는 각성과 영적 진보가 있어야만 된다는 뜻이다. 이는 불가에서 중생(衆生)이 대오(大悟)하여 조사(祖師)가 되고 붓다(Buddha)가 되는 패러다임과 동일하다. 그리고 그 영생은 물론 육체적 영생이 아니라 영원성의 자각과 깨침이다. 우리가 의식·무의식적으로 육체적 죽음에 두려워하는 것은 자신의 정체성을 육체와 동일시(同一視)

하는 망념(妄念) 때문이다. 불가의 가르침에 의하면 인간의 몸을 입고 태어나는 것은 의식이 완전한 신 의식을 달성하지 못하고 쌓인 업식(業識)에 의한 결과다. 길가메시뿐 아니라 누구든 태어난 이유가 바로 이 부분을 달성하지 못했기 때문인 것이다. 그러나 이미 그는 많이 접근했다.

> 길가메시, 이 세상 모든 걸 알았고
> 모든 일들을 경험했던 사람이다!
> 모든 문제에 현명했던 사람이다!

이제 이 마지막 관문을 통과하면 된다. 그러나 이 서사시의 작가는 이 서사시를 비극적으로 만들고 있다. 이미 2/3가 신이다. 그러나 어리석은 분리(죽음, 필멸)의 자각으로 시작하여 수고로운 노력에도 불구하고 결국 신과의 합일이라는 해피엔딩 아닌 비극적 결말로 줄거리를 구성(plot)하고 있다. 드라마를 애절하게 만듦으로써 감동을 극대화하고 문제의식을 독자에게 각인시키려는 작가의 상투적 의도다. 여하튼 **우트나피슈팀**이 **전에는 인간이었**으나 **신이** 된 배역(配役)이 등장하는 것으로 보아 인간이 신이 되는 길은 열려 있다고 보는 것이 이 서사시 저자를 포함한 수메르인들의 공통된 의식이었을 것으로 추정된다. 그렇다면 그러한 공통의식을 갖게 된 수메르인의 기원에 대해서 잠시 살펴보고자 한다. 이유는 인간이 신이 되는 길은 열려있다고 보는 시각의 원류가 수메르인의 기원과 깊은 연관이 있기 때문이다.

고대 수메르 지역 원주민은 동이족의 갈래와 합류한다

수메르인의 기원과 그들의 초기역사에 대해서는 지금까지 정설이 없다. 그들이 갖고 있던 문화의 수준은 당시 그 지역에서 살고 있던 원주민인 메소포타미아인(原始文明)과는 비교가 안 될 정도로 월등히 앞선(尖端文明) 것이었다. 오늘날 서구 문명의 그 뿌리가 수메르 문명에 닿아 있음은 주지의 사실이다. 수메르인의 특징은 후두부가 평평하고 '머리카락이 검은 인종(Black-headed-People)'이었고 그들이 사용하는 언어는 교착어(膠着語)로서 지금 우리말과 같은 우랄 알타이어 계열에 속한다. 이런 관점에서 일부 사학자들은 이들을 동아시아의 민족들과 연관됨을 제시한다.

수메르 점토판의 기록에 따르면, 수메르인은 '안샨Anshan에서 넘어왔다'고 한다. 수메르 말로 '안An'은 '하늘', '샨Shan'은 '산'이다. 안샨은 곧 환국(桓國, BC 7197-BC 3897) 문명의 중심이었던 천산(天山)과 동일한 말이다. 수메르 연구의 대가인 크레이머S. N. Kramer 박사는 수메르인들이 '동방에서 왔다'고 말한다. 그가 말한 동방의 정체를 바로 「환단고기」가 밝힌 환국에서 찾을 수 있다. 환국의 서남쪽에 위치한 우루국과 **수밀이국** 사람들이 이란의 산악지대를 거쳐 메소포타미아 지역으로 남하하여 개척한 문명이 바로 **수메르**이다. 수메르인의 원고향은 환국인 것이다.[23]

이러한 수메르인이 원고향이 환국이라는 사실에 대하여 반대 입장을 취하는 사람들에 대해서는 당시 지구촌에 환국과 비견할 만한 발달된 문화를 갖고 있었던 어떤 민족이나 세력이 있었는지 반문하고 싶다. 문화라는 것이 하루아침에 이루어지는 것이 아니고 오랜 세월에 걸쳐 이루지는 것이다. 환국 이외에 다른 민족이나 세력이 있어 그 오랜 세월 동안 자신들의 높은 문화를 일으켰음에도 세상에 알려지지 않았다는 것은 있을 수 없는 일이다. 필경 환국은 당시 세계에서 가장 높은 첨단 문화를 향유(享

有)하는 유일한 인류 최초의 국가였음이 역으로 수메르 문명에 의해 증명된다. 그러므로 수메르인이 환국이 아닌 다른 문명이나 민족에서 기원했으리라는 주장의 근거는 희박하다. 더구나 수메르인이 쓰던 60진법이 동양의 60갑자와 사상적 배경이 동일하고, 동이족과 같이 씨름을 즐겼으며, 상투를 틀고, 순장의 풍습까지 우리 동이족(한민족)의 문화와 놀라운 동질성을 보이고 있다. [일설에 의하면 B.C. 2333년에 단군(檀君)은 3000명의 동이족을 메소포타미아 수메르 지역에 보내어 도시와 신전을 건축했다는 기록이 알려짐] 수메르인이 환국(환국12연합의 하나인 **수밀이국**)의 갈래라고 강하게 주장하는 이유는 환국의 종교 철학 사상이 이 메소포타미아 지역에 수메르인 의하여 전달되었을 것이기 때문이다. 이 지역에서 환국의 신교(神敎)사관이 다신교(多神敎)의 양상으로 드러난 것으로 보인다. 이를 이해하기 위해서는 먼저 환국의 신교 사관에 대한 고찰이 필요하다.

환국(桓國)의 신교사관(神敎史觀)

21세기 한국인은 신교(神敎)라는 말조차 모른다. 신교는 우리 조상들의 일상적 삶의 기반이 되었던 **한민족 영성문화이자 고유문화**이다. 이 신교는 인류의 황금시절, 태고 문명의 근원이었던 시원 종교이다. …… 신교의 실체를 알기 위해서는 **신교문화의 주체인 삼신(三神)**을 알아야 한다. …… 삼신이 현실계에 자기를 드러낸 것이 '하늘과 땅과 인간'이다. 삼신이 현현(顯現)한 천지인을 **삼위일체(三位一體)적 존재로 인식하고 그 틀에서 인간 역사를 해석하는 것이 바로 신교 사관**이다. …… 신교사관에서는 인간을 천지로부터 대광명의 성령기운을 받아 사물을 보고 느끼고 판단하는 영적 존재로 본다. 인간은 천지와 교감하며 하나 되어 사는 신령스러운 존재라는 것이다. 이러한 신교사관에서는 인간을 천지의 아들딸로, 천지를 인간 생명의 부모로 인식한다. 더 나아가 인간은 천지부모의 꿈과 이상을 실현하는 주체로서 천지보다 더 큰[大] 존재, 즉 **'태일(太一)'이라는 것이다. 인간의 위격과 가치에 대한 파천황적인 선언**, 여기에 신교사관의 위대함이 있다.[24]

이러한 신교 사관에서 '인간은 천지부모의 꿈과 이상을 실현하는 주체로서 천지보다 더 큰[大] 존재'라는 뜻은 신과 다를 바 없는 인간의 위상과 존엄성을 천명한 것이다. 이러한 높은 수준의 신교사관을 환국 사람들로부터 전수(傳受)받은 다수의 원주민 메소포타미아 사람들은 그 참뜻을 이해하지 못하고 외재신(外在神)으로서 나도 신, 너도 신이라는 미숙한 결론에 결국 도달하였을 것이다. 결국 인간과 신의 경계는 모호해지고 인간의 수효가 많은 것처럼 여러 외재의 다신(多神)을 상정하는 문화는 당연한 귀결이었다.

이러한 문화의 전수를 모르면 다음 설명이 그럴듯하다. 즉 메소포타미아 지역은 홍수와 가뭄이 인간의 생존을 절대적으로 좌우 했기에 늘 자연에 대한 두려움을 안고 살 수밖에 없었다. 이러한 공포심이 자연 숭배 사상을 낳았고 특히 농사와 관련된 여러 신들이 하나하나 생겨나가 시작하여. 그렇게 신이 하나하나 늘어가다 보니 어느새 2000~3000명 정도의 신이 생겨 다신교 체계가 잡히게 되었다는 것이다.

그러나 2000~3000명이나 되는 그렇게 많은 신이 생긴 이유를 설명하기에는 뭔가 부족하다. 지구촌 다른 농경지역에서도 그렇게 많은 신들이 생겨난 예가 있는가? 필자의 생각은 메소포타미아인의 신에 대한 인식은 인간과 신의 경계가 모호하여 신의 능력은 인간보다 약간 우월하지만 인간과 별반 다름없다는 신 의식을 갖고 있었다. 이로 인해 그렇게 많은 외재

다신을 양산해 낼 수 있었다고 생각한다. 그리고 이러한 의식의 배경에는 수메르에 전해진 태고 문명의 근원인 환국의 신교사관과 밀접한 관계가 있다. 물론 환국의 신교 사관은 외재적 다신교가 아니다. 수메르 문명이 전해진 것은 BC 2300년경의 일이고 아브람이 갈대아 우르에서의 탈출시기는 BC 2100년경이니 그 사이 200여 년의 세월이 흘렀다. 그사이 전수된 신교사관이 수메르지역에 이르러 외재신적(外在神的) 다신교(多神教)로 변질된 것으로 보인다. 그 이유에 대해서는 앞으로 논의될 아브람의 **제1차 엑소더스**[참고로 필자는 아브람의 갈대아 우르에서의 탈출을 모세의 출애굽(**제2차 엑소더스**)과 구별하여 1차 엑소더스라 부른다]에서 다루고자 한다. 여하튼 고고학적 발굴역시 그 지역이 우상과 다신교적 풍조가 만연되었던 것을 뒷받침해 준다. 이러한 풍토에서 아브라함이 등장한다.

이스라엘의 역사가 아브라함에서 시작되는바, 기원전 약 2000년경(성서고고학은 아브라함의 이주를 BC 2091년으로 말한다.)[25]이다.

하나님이 그를 선택하여 끌어내는 곳은 갈대아 우르로서 그 지역은 이라크 남부 메소포타미아에 위치하고 있으며 수메르 문명이 번성했던 지역이다.

기독교는 히브리 문명, 즉 유대 문명에 뿌리를 두고 있다. 그리고 유대 문명은 환국의 신교 문화권이 약 7천 년 전 지금의 이라크 남부 지방으로 남하하여 개척한 수메르 문명에서 갈라서 나온 것이다.[26]

당연히 전형적 수메르 인이었던 아브라함은 수메르 문명의 문화와 다신교적 토양에서 성장하였을 것이다. 그러나 그는 하나님의 부르심을 받고 갈대아 우르를 떠나게 된다[**제1차 엑소더스**]. 창세기 11장, 12장의 기록은 하나님의 일방적 명령이었고 아브라함은 군말 없이 하나님의 명령을 따르는 것으로 기록되어 있다. 그러나 성경의 이런 표현 뒤에 가려져 있는 실상을 볼 수 있는 통찰이 필요하다. 성경은 자신의 의도를 하나님의 입을 통하여 드러내는 경우가 앞장 모세에서 보듯이 허다하다. 그러므로 아브람이 무슨 이유로 이러한 유일신 하나님 한 분만을 믿고 따르고 갈대아 우르를 떠나게 된 계기에 대해서는 깊은 통찰이 요청된다.

둘째, 앞에서 서술한 대로 인간이 신들의 모임에 참석할 수도 있고 신이 될 수 있다는 고대 근동 수메르 사람들의 인식이다. 바로 우트나피슈팀이 바로 그 예다. **"어떻게 신들의 모임에 참석할 수 있었고 어떻게 영생을 얻었는지 말씀해 주십시오."** 그리고 이 문제의 핵심은 더 깊이 들어가면 신이란 무엇인가 하는 신의 본질(**어떻게 영생을 얻었는지**)에 대하여 파고드는 것을 알 수 있다.

인간이지만 신이 될 수 있는 길은 열려 있는 것이다. 이미 2/3는 신이고 나머지 1/3마저 채우면 신이 될 수 있다. 그렇게 되기 위해서는 각성과 영적 진보가 있어야만 된다는 뜻이기도 하다.

> "자네는 여기 오느라 완전히 지쳤네.
> 내가 어떻게 해 주면 자네가
> 고향으로 안전하게 돌아갈 수 있겠나?
> 숨겨진 비밀 하나를 알려 주겠네.
> 들어보게. 가시나무 같은 식물이 있네.
> 그 가시가 장미 가시처럼 손을 찌를 거야.
> 자네가 그 식물을 손에 넣으면
> 자네는 다시 젊어질 수 있을 거야."

이 말을 듣고 길가메시는
아프수로 가는 도관을 열고
발에 무거운 돌들을 달았다.
무거운 돌들에 끌려 아프수의
물속 깊이 내려갔다. 가시에
손이 찔렸지만 그 '회춘초'를 잡았고
발에 달린 무거운 돌들을 끊어냈다.
그는 파도에 휩쓸려 해안으로 쓸려갔다.

길가메시, 뱃사공에게 말했다.
"우르샤나비, 이 식물이,
인간이 늙는 걸 막아 주는 식물이오.
이 식물을 통해 다시 젊어질 수 있어요.
우루크에 가져가 노인에게 먹여 볼 겁니다.
이 식물의 이름은 '회춘초'입니다.
늙은이가 다시 젊은이가 될 수 있습니다.
이 식물을 먹고 다시 젊음을 찾을 겁니다."[27]

　드디어 영생을 획득하는 노하우(know how)가 인간이었으나 신이 된 (유경험자) 우트나피슈팀에 의해 제시된다. 그것은 가시나무 같은 식물, 회춘초(回春草)를 획득함으로써 달성되는 것이다. 가시나무(회춘초)에 얽힌 영생의 비밀을 밝히기 앞서 먼지 이 장면의 무대 설정에 주목한다. 왜냐하면 여기 제시된 장면이 모세가 호렙산에서 하나님을 만나는 장면 과 너무 흡사하기 때문이다.

호렙산	→	아프스의 물속
가시 떨기나무	→	가시나무 같은 식물(회춘초)
모세가 신을 벗음	→	발에 달린 무거운 돌들을 끊어냄
모세	→	길가메시

신을 만나는 장소가 호렙산이나 아푸스의 물속으로 설정된 것은 고요하고 외부에서 접근하기 어려운 곳으로 의식의 깊은 경지를 표상(表象)한다는 데 동질성을 갖는다. 나머지 대를 이루는 쌍을 비교하면 출애굽기의 독창성이 의심된다. 출애굽기는 모세의「길가메시 서사시」의 표절(剽竊) 수정(修整) 증보판(增補版)이라는 의심이 들지 않을 수 없다. 이렇게 성경에 대한 신뢰에 금이 갈 때 우리는 당혹하지 않을 수 없다. 이야기가 자꾸 논제에서 벗어나지만 여기서 성경을 보는 시각에 대해서 잠시 논하지 않을 수 없다.

성경을 보는 시각에 대해서

지금까지 주류를 이루고 있는 문자적 성경해석 방법은 성경에 기록된 사실들의 그 역사성과 진실성에 많은 관심을 갖고 연구되었다. 성서 고고학이나 역사 연구에서 성경의 주장에 부합하는 결과가 나올 때마다 그 확실성에 고무되기도 하였지만, 여기에 반하는 내용이 밝혀질 때도 있었다.

여기서 중요한 것은 신자들이 가져야 될 태도다. 성경의 전달하고자 하는 진의가 무엇인지에 더 관심을 가져야 한다고 생각한다. 모든 종교의 가르침이 거의 다 비슷하다는 관점에서 종교의 벽을 허물고자 하는 뜻은 아니지만, 특히 기독교의 축자영감설(逐字靈感說, verbal inspiration)은 성서는 글자까지도 하나님의 영감으로 기록되었기 때문에 단 한 글자도

한 문장도 틀림이 없으며, 이로 인해 오류가 없는 사실이라고 주장하는 소수의 기독교 근본주의(根本主義, Fundamentalism)적 성경관이 문제다. 성서 고고학의 중요한 탐구 배경이 기독교의 유일성과 배타성, 혹은 성경 무오성이나 축자영감설에 두고 있다면 별로 바람직하지 않다. 오늘날 많은 연구는 창세기는 분명히 메소포타미아 지역에 전해지던 창세 이야기의 복사판이었다는 통찰에 도달하였다. 더구나 완벽한 성경의 역사성이 증명된다고 가정하더라도, 그 결과는 정통파 기독교의 배타성(排他性)만 더욱 강화될 뿐, 진정한 성경의 영적 가르침에는 별 도움이 되지 않을 것이라는 점이다. 또한 성경의 기록이 사실과 다른 허위라는 것이 증명된다 하더라도, 성경의 영적 가르침과 그 가치는 결코 퇴색할 수 없는 것이다. 영적 가르침의 무대로서 기록된 시대와 역사적 배경 혹은 사실들은 중요한 것이 아니다. 그러한 과학적 증명 혹은 역사적 진실 등에 관심을 쏟는 것은 마치 우화를 보는 눈이 우화에 포함된 내용과 교훈은 제쳐두고 그 우화의 사실성 과학성에 초점을 맞추는 어리석음과 다를 바 없기 때문이다. 교회 역사상 카톨릭 교권이 국왕을 능가하는 막강한 정치권력까지 갖고 있던 중세를 보더라도 성경의 무오성을 고수하기 위하여 과학적 발견을 부인하는 등 여러 가지 종교적 패악(悖惡)과 어리석음을 되새겨 볼 필요가 있다.

성서 이야기들은 과학적으로 이해가 되지 않을 뿐 아니라 역사적 사실도 아니라는 생각이 일반화되었다. 역사학자들과 성서 연구가들은 이제 성서 이야기들이 언제 어떻게 형성되었고 어떤 경로를 통해 전해지고 권위를 인정받게 되었는지를 낱낱이 밝히게 되었으며, 성서와 전통(교리)을 더 이상 절대불변의 진리로 주장하기 어렵게 되었다. 최근 신학계에 많이 논의되고 있는 '역사적 예수'의 문제도 좋은 예이다. 교회가 가르쳐 온 도

그마의 그리스도, '신앙의 그리스도' 천상의 그리스도를 '역사적 예수', 나사렛 예수, 인간 예수에 대비시키고 차별화하는 사고는 역사와 신화를 명확히 구별하는 현대의 역사적 사고의 산물이다.[28]

상기 종교학자의 언급을 보더라도 성경에 덧씌워진 신화를 실제 역사적 진실로부터 구별해야 됨을 정확히 지적하고 있다. 필자의 의견은 신구약 성경의 기술들과 사건들은 오히려 비유와 신화화된 의미와 상징을 표현하는 것으로, 우리들 인간 내면의 영적인 진보와 성장을 노리고 저술된 책이라는 것이다. 그리고 수많은 성경의 기록된 패턴을 보면 약속이나 한 듯이 성경 기자 자신들이 체험한 영적인 진실을 하나님의 입을 빌어 그 시대 사람들의 소양(素養)에 맞추어 비유와 상징들로 표현했던 것으로 신화화(神話化)된 것임을 알 수 있을 것이다. 여기서 우리가 취해야 할 태도는 그 기록된 내용의 과학적, 역사적 사실 여부에 관심을 갖는 것은 적절하지가 않다. 앞에서 확인된 바와 같이 성경의 기록 배경이 하나님의 선택으로 오직 유태인에게만 드러난 것이 아니라 메소포타미아 지역의 전해지던 이야기의 복사판이라는 점에서 기존의 신학과 교리는 재고되어야 할 처지에 놓여 있다. 또한 이러한 관점에서 성경 내에서도 서로 상충되는 내용이나 오류도 별 문제가 되지 않을 것이다. 보다 중요한 것은 우리 자신의 의식과 영적인 진보를 위해서 성경으로부터 풍부한 영양을 얻어내는 것이기 때문이다. 다시 본 주제로 돌아가 보자.

이 말을 듣고 길가메시는
아프수로 가는 도관을 열고
발에 무거운 돌들을 달았다.
무거운 돌들에 끌려 아프수의

물속 깊이 내려갔다. 가시에
손이 찔렸지만 그 '회춘초'를 잡았고
발에 달린 무거운 돌들을 끊어냈다.
그는 파도에 휩쓸려 해안으로 쓸려갔다.

여기서 주목할 단어는 '회춘초'이다. 우트나피슈팀은 회춘초에 대해서 **"가시나무 같은 식물이 있네. 그 가시가 장미 가시처럼 손을 찌를 거야. 자네가 그 식물을 손에 넣으면 자네는 다시 젊어질 수 있을 거야"**라고 말해 주었다. 과연 그의 말대로 길가메시는 손이 찔렸지만 그 가시 달린 '회춘초'를 잡았다. 이 회춘초도 가시떨기나무와 마찬가지로 가시가 있는 나무였던 것이다. 두 나무는 이름은 다르지만 거의 같은 나무를 지칭하는 것이 분명해 보인다. 여기서 고대 근동 사람들이(모세와 무명의 길가메시 저자를 포함해서) 이 나무를 어떻게 인식하고 있느냐에 관심이 쏠릴 수밖에 없다. 고대 근동인들은 가시나무에 신이 깃들어 있다는 생각으로 그 나무에 경외심을 품고 있었다 한다. 다음 인용문은 고고학적으로 발견된 토기 조각(ostracon)에 쓰여진 가시나무에 관련된 짧은 문자열이다.

스바크야후
= 야훼는 (나의) 가시나무이시다.

고대 근동에서는 사람 이름에 신의 이름을 넣는 일이 흔했다. 자신이 믿는 신에 대한 경외심을 그렇게 표현한 것이다. 이스라엘에도 '야훼'를 뜻하는 '-야'(이사야, 예레미야 등)나 '하느님'을 뜻하는 '-엘'(사무엘, 미카엘 등)로 끝나는 이름이 많다. 위의 '스바크야후'라는 이름은 분명히 야훼를 믿는 고대 이스라엘인의 이름이다. 야훼를 '가시나무'로 상징했다는 점에서 '가시나무'가

지닌 상징성을 잘 알 수 있다. 「길가메시 서사시」에서 진리의 상징으로 쓰인 가시나무가 고대 이스라엘에서는 하느님을 상징하는 데 쓰인 것이다. 불타는 관목이 아닌, 불타는 가시덤불에서 현현하신 하느님을 생각하면, 이이름을 쉽게 이해할 수 있을 것이다. 가시나무는 고대 근동에서 이토록 중요한 상징이었다.[29]

여기에서 보듯이 가시나무는 하나님의 상징이다. 그러면 가시나무는 오늘날 우리에게 어떤 의미로 다가오는가? 일견 보잘것없는 나무다. 가시는 고통과 찔림(피흘림) 아픔을 생각하게 한다. 고대 근동인들은 왜 이러한 나무를 신의 상징으로 보았을까? 하나님이 절대요 궁극적 진리라고 한다면 여기(신)에 이르기 위해서는 가시를 쥐는 것 같은 고통과 희생과 아픔을 반드시 겪어야 됨을 암시하는 것은 아닐까? 가시나무가 신을 상징으로 쓰이게 된 배경에서 고통과 찔림, 아픔은 가시에 해당하는 것이라 하자. 그러면 관목 혹은 덤불 같은 나무는 어떻게 이해해야 할 것인가? 필자는 참구 끝에 관목의 보잘것없음 즉 무 가치성에서 그 답을 찾았다. 가시나무는 나무로서의 효용성은 땔감 외에 별 가치가 없어 보인다. 바로 이것이 요점이다. 무가치성(無價値性), 무효용성(無效用性)에 대한 고대 근동인의 미흡한 공성(空性) 표현이다. 앞장에서 하나님의 이름 I AM THAT I AM을 논할 때 하나님을 공(空)과 공(空)의 순수 역동성(純粹 力動性)이 동전의 양면처럼 하나로 합쳐져 공존하고 있음을 설명하였다. 그런데 이 길가메시의 회춘초(가시나무)에는 호렙산의 가시떨기나무의 사라지지 않는 불꽃은 없다. 더구나 그곳은 수중(水中)이다. 출애굽기 기자는 호렙산에서 가시떨기나무에 꺼지지 않는 불꽃을 추가하였다. 이 추가는 모세의 아주 적실(的實)한 신에 대한 통찰을 보여 준다. 길가메시가 기록 된지 수백 여 년 후 인지(認知)의 발달은 신과 함께 신의 공성으로 존재하는 영원한 꺼지지 않는 불꽃 즉 역동성(dynamicity)의 발견에 이르게 된 것이다. 또한 가시의 상징인 고통과 찔림(피흘림) 아픔은 역동성에 반드시 따르는 감성을 표현한 것으로 이 부분에 대해서는 뒤에 유월절과 연기법에서 심도 있게 다루게 될 것이다.

한 가지 이러한 이해를 바탕으로 바로잡고 싶은 것은 인터넷상에 올라온 글에 가시떨기나무를 애굽에서 고통받는 이스라엘의 상징 혹은 고난의 불 가운데 있지만 죽지 않는 이스라엘 혹은 능력 없는 모세라고 오해하는 해설이 발견되는데 길가메시의 가시나무가 기록된 연대를 생각한다면 틀린 해석이다. 왜냐하면 아직 이스라엘이라는 나라가 생기려면 「길가메시 서사시」가 기록된 이후 수백 년이 지나야 하기 때문이다. 가시떨기나무는 이스라엘 백성과는 무관한 것으로 보인다. 하나님의 상징일 뿐이다. 또한 가시나무를 휘감고 있는 꺼지지 않는 불꽃이 진정 무엇을 상징하는지 이해하지 못한 결과라고 본다. 애써 이스라엘의 고난과 연결 짓는 우를 범하고 있기 때문이다.

순서가 바뀌었지만 우트나피슈팀이 길가메시에게 회춘초에 숨겨진 비밀을 알려 주기 전에 서로 오갔던 대화를 되돌아 살피고자 한다. 상기의 회춘초에 비해서 잠깐 스치는 정도로 언급되기 때문에 큰 비중을 두지 않아 후순위로 미루었지만 내용은 중요하다.

"그래서 우리 부부는 그때부터
멀고도 먼 강들의 입구에 정착했다."
우트나피슈팀, 길가메시에게 말했다.
"그대는 영원한 생명을 찾고 있다.
그런데 너를 위해 누가 신들을 모을 것인가?

엿새 낮과 이레 밤 동안 잠들지 말고 기다려라!
(그럼 네가 영생을 얻으리라!)"

하지만 길가메시가
다리 사이에 머리를 두고 앉자마자
안개 같은 잠이 몰려왔다.

회춘초에 숨겨진 비밀 외에 영생을 얻는 방법을 알려 주고 있다. 꼭 회춘초가 아니더라도 영생(다시 젊어짐)을 달성할 수 있는 길이 열려 있는 것이다. 여기서 주목할 문장은 **엿새 낮과 이레 밤 동안 잠들지 말고 기다려라!(그럼 네가 영생을 얻으리라!)**이다. 잠들지 말고 기다려라! 즉 깨어 있으라는 말이다. 깨어있음은 의식의 각성(覺醒) 혹은 의식의 개화(開花)를 의미한다. 「길가메시 서사시」 작가의 통찰이 여기까지 미치고 있다. 여기 각성은 의식의 변화로 절대 혹은 영생에 대한 직접적 표현이다. 즉 회춘초나 가시떨기나무나 혹은 가시면류관이나 그 속뜻은 의식의 각성 혹은 변성(變性) 등등 의식의 업그레이드(upgrade)에 대한 은유적인 표현이다. 영생은 우리 의식변화를 통해서 달성되는 것임을 알아야 한다! 나이브(naive)하게 육체(physical body)가 죽지 않는 것이 아니란 말이다. 그러므로 여기 **잠들지 말고 기다려라!**는 의미상 회춘초의 상징과 동일하다.

하지만 길가메시가 …… 잠이 몰려왔다. 우리 중생의 실상이다. 잠든 인간의 의식상태를 의미한다. 불가에서는 의식의 각성 혹은 깨침을 연등으로 표현한다. [연등(燃燈)이란 등불을 밝힌다는 뜻으로, 등불을 달아 불을 밝힘으로써 무명(無明)을 깨쳐 각성하라는 뜻이고, 등은 자등명 법등명(自燈明 法燈明)의 가르침으로, 어리석음과 어둠을 밝히는 의미로 지혜에 비유되었다.] 이제 다음 구로 넘어가 보자.

파도에 휩쓸려 해안으로 쓸려간 길가메시는 20리그를 걷고 다시 30리
그를 더 걷고 하룻밤을 보냈다.

> 길가메시는 샘으로 내려가
> 물에 몸을 씻고 있었다. 그런데
> 뱀 한 마리가 회춘초 냄새를 맡고
> 몰래 올라와 회춘초를 물고 달아났다.
> 뱀은 도망쳐 돌아가면서 허물을 벗었다.
> 길가메시는 땅바닥에 주저앉아 울었다.
> 두 뺨에 눈물이 하염없이 흘러내렸다.

뱀은 모세의 광야의 놋 뱀으로 나타나기도 하고 창세기의 에덴동산에
서도 나타난다. 여기 나타난 뱀 한 마리는 에덴동산의 뱀을 연상시킨다.
아담과 이브로 하여금 선악과를 먹게 꼬여 동산에서 쫓겨나게 한 장본인
이다. 여기서는 회춘초를 물고 달아나 절호의 영생기회를 빼앗아 버리는
구도(plot)로 창세기와 유사하다. 길가메시의 영생불사의 꿈은 이렇게 무
산(霧散)되었다.

이 서사시는 성서고고학에 새로운 패러다임을 열어 주는 놀라운 작품이
다. 기존의 베일에 가려 있던 창세기 출애굽기 신화의 민낯을 볼 수 있는 귀
중한 자료다. 또한 동이족인 환국의 신교 사관이 수메르문명으로의 전래(傳
來)를 들여다 볼 수 있는 창구 역할을 한다. 더욱 중요한 주제는 인간과 신
의 경계(**죽음과 영생의 경계**)에 내한 시견(知見)을 얻을 수 있었다. 마지막
으로 이 서사시에서 남긴 과제는 전형적 수메르인인 아브라함이 왜 이 수메
르 문명의 중심도시인 갈대아 우르를 떠났느냐는 것이고 다신에서 유일신
으로의 전환이 서구 종교사에 어떠한 문제를 야기했는가에 대한 고찰이다.

제4장

아브라함에서 시작된 유일신교

인간과 신의 분리

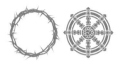

31 데라가 그 아들 아브람과 하란의 아들 그 손자 롯과 그 자부 아브람의 아내 사래를 데리고 갈대아 우르에서 떠나 가나안 땅으로 가고자 하더니 하란에 이르러 거기 거하였으며

32 데라는 이백 오세를 향수하고 하란에서 죽었더라[30]

1 여호와께서 아브람에게 이르시되 너는 너의 본토 친척 아비 집을 떠나 내가 네게 지시할 땅으로 가라

2 내가 너로 큰 민족을 이루고 네게 복을 주어 네 이름을 창대케 하리니 너는 복의 근원이 될찌라

3 너를 축복하는 자에게는 내가 복을 내리고 너를 저주하는 자에게는 내가 저주하리니 땅의 모든 족속이 너를 인하여 복을 얻을 것이니라 하신지라

4 이에 아브람이 여호와의 말씀을 좇아갔고 롯도 그와 함께 갔으며 아브람이 하란을 떠날 때에 그 나이 칠십 오세였더라

5 아브람이 그 아내 사래와 조카 롯과 하란에서 모은 모든 소유와 얻은 사람들을 이끌고 가나안 땅으로 가려고 떠나서 마침내 가나안 땅에 들어

갔더라[31]

갈대아인의 우르에 살던 데라는 그 아들 아브람과 며느리 및 그 자손들을 데리고 가나안 땅으로 가고자 하더니 하란에 이르러 거기 거류하던 중 죽는다. 그리고 곧 이어 하나님이 아브라함에게 나타나신다.

인간과 신의 소통방식의 발달

모세는 하나님을 만나기 위해 애써 호렙산에 올랐으나, 그의 조상 아브라함은 하나님이 직접 나타나신 것이다. 아브라함이 하나님을 만나고자 하는 어떠한 노력의 흔적도 보이지 않는다. 필자는 이 부분에서 큰 차이를 느낀다. 하나님이 아브라함에게 나타나심은 일방적으로 어느 순간 불쑥 나타나시어 살던 곳에서 떠나라는 명령과 함께 그렇게 하면 네게 복을 주겠다는 약속이었다. 인간과 하나님의 소통 방식에서 시대마다 미묘하나 큰 차이를 느끼지 않을 수 없다. 이스라엘 역사를 통시적(通時的)으로 볼 때 그 신인 관계가 점진적으로 발전되는 모습이 보이기 때문이다. 아브라함은 수동적 입장에서 하나님을 대하지 않을 수 없었다. 이는 **일방 하향식 수직관계(아브라함, BC 2166?-BC 1991?)**의 시작으로 유일신교(唯一神敎)의 엄중함을 느낀다. 물론 아브라함에게 미래의 약속을 주시기는 하나 이 약속은 동등한 입장에서의 계약과는 차이가 있으며 일방적 관계에 더 가깝다. 이러한 소통 방식은 700여 년의 세월이 지나 모세에 이르러 하나님을 직접 만나기 위해 호렙산을 올랐으며 인간과 하나님의 관계는 **친구 관계(모세, BC 1391-BC 1271)**로 발전된다. 모세는 능동적이고 적극적 입장에 선 것이다. 이러한 관계설정은 아브라함보다는 훨씬 발전된 것이지만 하나님 편에서도 인간과 소통하는 방식이 만족스러운 것이 아니었다. 모세같이 능동적으로 하나님을 찾아오는 자가 흔치 않았다. 또다시 700여 년이 흐른 뒤 **이사야(BC 745-BC 695)**에 이르면 하나님 편에서 이스라엘 백성을 향해 서로 변론하자고 제의하시는 모습을 볼 수 있다. 아브라함에서처럼 일방적으로 찾아와서 명령과 약속을 하달하시는 것이 아니라 만나 서로 변론하자고 하시니 급한 쪽은 하나님처럼 보인다. 또한 인간을 대화와 논의(論議) 혹은 변론(辯論)의 상대로 더욱 높여 예우(禮遇)하는 모습을 보이신 것이다. 이로 보건대 확실히 하나님 편에서도 소통방식에 문제가 있다는 것을 늦은 감이 있지만 인식하신 것이다.

여호와께서 말씀하시되 오라 우리가 서로 변론하자 너희 죄가 주홍 같을 찌라도 눈과 같이 희어질 것이요 진홍 같이 붉을찌라도 양털 같이 되리라[32]

그러나 여기가 끝이 아니다. 이제 이사야 이후 700여 년의 세월이 또 흘렀다. 결국 예수에 이르러 더욱 그 거리가 좁혀져 결국 하나님이 인간의 몸을 입고 **신인합일의 관계(예수, BC 4-AD 33)**에 도달하게 된 것이다. 히브리 종교적 입장에서 하나님이 인간과 소통하기 위해 직접 인간의 모습을 입고 내려오신 것이다. 다른 어떠한 이유보다도 하나님 자신과 백성이 언로(言路)가 대로같이 확 열리어 교제하고 싶으신 것이다. 이러한 소통방식의 이해는 히브리 종교를 이해하는 기본 틀로서 상당히 중요한 의미를 갖는 것이다. 이는 특히 **외재적 유일신에서 내재적 만인 그리스도의 자각으로 이행되는 과정**이기 때문이다. 특히 예수의 십자가 사건을 이해하는 데 최우선적으로 갖추어야 할 시각이다. 특히 난립한 십자가 대속론과 관련해서 사유의 방향을 바로잡을 수 있는 중요한 지침이라고 생각된다. 아브라함이 태일 인간이라는 신교사관을 이해하지 못한 수메르 지역을 벗어나 홀로 한분 하나님을 따르는 여정(旅程)을 시작했다. 그리고 그 이스라엘의 기나긴 여정은 예수에 이르러 그리스도가 됨으로써 그 결실에 맺게 되었다. 드디어 수메르에 전해준 고대 태일인간이라는 신교사관의 올바른 이해에 도달한 것이다. 한 바퀴 빙 돌고 돌아온 탕자같이 깨침을 안고 원래 위치로 돌아온 것이다.

유일신교의 시작

아브라함의 살던 본토 친척 아비 집을 떠나는 사건은 일견 일개 개인적인 일로 보인다. 그러나 이는 히브리 종교사뿐 아니라 인류 종교사에 엄청난 파장을 초래하는 사건의 시작이었다. 첫째 외재신적 다신교에서 외재적 유일신교로의 첫 출발이고, 둘째 하나님과 인간이 질적으로 분리되는 심리적 선이 분명하여 졌으며, 셋째 전술한 대로 그에 따른 인간과 신의 소통방식의 개시(開始)였고, 넷째 유태교와 여타(餘他) 종교 사이의 대립 및 긴장 관계가 생기게 되었다.

그러면 아브라함이 갈대아 우르를 떠나야 했던 당위성은 무엇일까? 한 인간이 자기가 살던 근거지인 고향을 떠나는 일은 가벼운 일이 아니다. 그동안 살던 곳에서 이루어 온 모든 기득권을 포기하는 모험을 감행하는 것이기 때문이다. 그러나 아브라함에게 있어서 보다 중요했던 관심은 종교 신앙상의 문제였다. 즉 그가 살던 곳 갈대아 우르 사람들의 다신교적 신앙(信仰) 행태(行態)에 반발(反撥)을 느꼈기 때문이라고 추측된다. 그는 하나님은 오직 한 분이어야 한다는 신념의 사람이었고 이렇게 무질서하게 널려 있는 신과 우상을 숭배하는 신앙 행태와 결별(訣別)하고 싶었다. 이렇게 제1차 엑소더스(출 갈대아 우르)를 시작한 것이다. 엑소더스는 떠남 혹은 결별의 아이콘이다.

이 무렵 수메르 문명은 번영(繁榮)의 정점에 이르렀다. 갈대아 우르는 그 시대의 중심 도시였던바, 그 지역에는 왜 이처럼 많은(2000~3000명 정도의 신이 생겨 다신교 체계가 잡히게 되었다.) 신들이 난립(亂立)했던 것일까? 아브라함의 결심도 이해가 간다. 그러나 유독 메소포타미아의 고대 근동에서 그렇게 많은 신들이 난립한 이유는 무엇일까? 이에 대해서 그 원인이 선뜻 풀리지 않았다. 그러나 고심과 참구 끝에 그 해결의 윤곽이 서서히 드러내기 시작하였다. 동이족 환국에서 전해 준 신교사관과 수메르 지역 토착민과의 관계에서 그 실마리가 떠오른 것이다. 동이족 환국에서 전래된 환국의 신교사관에서는 인간을 천지로부터 대광명(大光明)의 성령기운을 받아 사물을 보고 느끼고 판단하는 영적 존재로 본다. 인간은 천지와 교감하며 하나 되어 사는 신령스러운 존재라는 것이다. 이러한 신교사관에서는 인간을 천지의 아들딸로, 천지를 인간 생명의 부모로 인식한다. 더 나아가 인간은 천지부모의 꿈과 이상을 실현하는 주체로서 천지보다 더 큰[大] 존재, 즉 **'태일(太一)'이라는 것이다. 인간의 위격과 가치에 대한 파천황적인 선언**이었다. 이러한 가르침은 종교적으로도 역사의 시원에 이미 절정(絶頂)에 이른 환국의 문화소산으로 이 시대는 인류 역사의 초기 '황금시대(the golden age)'로 불린다. 이는 오늘날 정통파 기독교나 불교가 이룬 높은 종교적 업적 이전에 양대 종교의 원류로서 오히려 이를 능가(凌駕)하는 고대의 가르침이 완성되어 있었고 그 시절 그때의 높은 문명 수준에 도달한 사람들의 세계관 내지 종교 철학관이었다.

　서양의 고대 문명 연구가들은 인류역사의 초기를 '황금시대the golden age' 라 부른다. 그 시대 사람들은 금속 무기가 없이 오직 석기만 쓰면서 전쟁을 꾀하지 않았고, 사람을 대규모로 살상하지도 않았으며, 하늘과 땅에 애정을 듬뿍 쏟으며 살았다고 한다. 독일의 고대 문명 연구가인 칼바이트H. Kalweit에 의하면, 먼 옛날은 인간이 행복과 평화 속에서 살면서 초자연적인 힘을 쓰던 황금시대로 그때 사람들은 별 어려움 없이 신과 소통할 수 있었고, 죽음을 모르고 질병과 고통이 없는 자유로운 경지에 살았다.(칼바이트H. Kalweit, Shamanas, Healers, and Medicine Men, p.8) 이처럼 여러 서양학자들이 말하는 황금시대의 삶은 「환단고기」가 전하는 환국 사람들이 누렸던 삶과 일치한다.[33]

앞에서 환국(桓國)의 임금인 단군(檀君)이 BC 2333년에 3000명의 동이족을 메소포타미아 수메르 지역에 보내어 도시와 신전을 건축했다는 기록에 대해서 언급했었다. 신교 사관의 환국은 **재세이화**(在世理化, 세상을 신교의 진리로 다스려 깨우치고), **홍익인간**(弘益人間, 인간을 널리 이롭게 함)이라는 세계사에 그 유례를 찾아볼 수 없는 만민평등의 고준(高峻)한 실천 이념의 국가였다. 그렇기 때문에 단군(檀君)이 메소포타미아 지역의 중생들을 돕고자 3000명의 사람들(사절단)로 하여금 천산산맥을 넘게 하였다는 것이 사실 여부를 떠나 종교 철학적 측면에서 설득력 있게 느껴진다. 필자는 여기서 그 역사의 사실성을 강하게 주장할 의도는 없다. 다만 그 종교 철학적 문화의 결실에서 동일한 결론에 이른바, 그 맥락을 주목하지 않을 수 없는 것이다. 여하튼 문제가 되었던 것은 추측하건대 환국의 높은 문명을 수용할 준비가 부족했던 수메르 지역의 문명 수준이었다. 덧셈 뺄셈 수준의 원주민들에게 갑자기 미적분이 전해진 격이다. 이러한 높고 훌륭한 문명을 하루아침에 받아들여 내 것으로 하기는 쉬운 일이 아니었다. 이스라엘의 역사에서도 보듯이 아브라함에서 예수에 이르기까지 2000년의 세월이 흐른 뒤에야 겨우 예수라는 걸출한 한 인물이 나온 것을 생각해보라. 신인합일의 문제는 예수 탄생 후 다시 2000년이 지났지만 아직도 대다수의 많은 사람들이 받아들이지 않고 있다. 태일인간(太一人間)은 나도 부처요, 너도 그리스도라는 말로 인간의 영적 성장이 완성된 인간이란 뜻이다. 즉 홍익인간 재세이화라는 종교적 실천 이념이 달성된 환국 시민의 높은 의식수준을 드러내는 말로 인류의 이상(理想)이 구현된 표지(標識)였다.

「길가메시 서사시」가 기록될 무렵은 확실하지 않다. 그러나 BC 21세기경 우르 왕이었던 슐기 때, 특히 길가메시에 대한 많은 시들이 지어졌다는 것과 BC 1300년과 1000년 사이 신레케운니니(Sin-leqe-unnini)라는 시인이 그때까지 전해지던 길가메시 전설을 하나의 서사시로 편집했다고 하는 아카드어 판본이 오늘날의 표준판이라 한다. 「길가메시 서사시」의 기록 연대를 기점으로 단군의 사절단이 아니더라도 이보다 수십 세기 전부터 환국의 종교 철학이 수메르 지역에 전파되었을 가능성을 배제하기 어렵다.

여하튼 개개 인간이 본래 부처요 그리스도라는 태일인간의 높은 내재신(內在神)적 가르침은 꽃을 피울 수 없었고, 이 가르침은 스스로의 실천과 수행이 결여된 인간과 신의 불분명한 경계의 토양(土壤)에서 자신 밖의 다신(外在的 多神)의 양상으로 전개될 수밖에 없었던 것으로 보인다. 이것이 수메르 지역에 다신이 자리 잡게 된 이유라고 추정된다.

이러한 신들이 난립한 세상에서 아브라함은 홀로 순수하게 유일하신 하나님을 섬기기 위해 길을 나선 것이다. 이제 다신의 영향권에서 떠나기로 결심하였지만 외재적 유일신의 범주를 벗어난 것은 아니었다. 이 사건은 엄청난 종교적 의식(意識)의 변화였기 때문에 주목하지 않을 수 없다. 역사가 증명하지만 이러한 출발이 후대 인류사에 커다란 광풍(狂風)을 몰아쳐오는 출발점으로 볼 수 있기 때문이다. 아브라함이 고향땅을 떠날 때는 이러한 후대의 일을 예상이나 했을까? 꿈도 꾸지 않았으리라. 아브라함은 하나님의 지시대로 밤하늘을 바라보며 하늘의 무수한 별과 같이 번성하며 앞으로 누리게 될 엄청난 하나님의 약속을 가슴 깊이 간직하였을 것이다. 신혼의 꿈에 젖은 신부가 신랑의 굳은 약속을 되뇌이듯이. 꿈과 약속은 인간의 마음을 부풀게 하는 것이다. 그러나 거친 세파를 이겨 낸 현인(賢人)이나 깨친 이들은 불가(佛家)의 제행무상(諸行無常)의 가르침 대로 지옥으로 가는 오솔길은 희망으로 가득 차 있으나 천국의 오솔길은 완전히 텅비어있다는 진실을 알고 있다.[34] 그러나 이제 막 영적 성장의 길로 들어선 초심(初心)의 아브라함에게서 어찌 이러한 영적 각성을 기대할 수 있으랴! 여하튼 이렇게 하여 유일신교가 출발하게 된 것이다. 유일신이기 때문에 기존의 난립한 신들은 단박에 유일신에 의한 창조물 중의 하나로 정리되는 결과를 낳았다. 물론 이스라엘의 유일신 외에 여타의 신을 추종하는 세력들은 이러한 주장을 받아들일 리가 없다. 그 결과로 이스라엘 민족은 이방 신을 섬기는 세력들로부터의 압박이 강화되는 결과를 낳게 된다. 이스라엘은 자기 나라를 뺀 전 세계의 여타(餘他) 종교의 모든 민족이나 국가와 맞서는 입장이 된 것이다. 압박이 강화되면 강화될수록 이스라엘 입장에서는 자신의 정체성과 존속을 위해서 안으로 유일신 체계를 더욱 공고(鞏固)히 할 수밖에 없었다. 이것이 히브리 종교가 배타성을 특징으로 갖게 된 연유라고 생각된다. 관용(寬容)과 화해(和解)라는 중요한 종교의 덕목이 결여된 것이다. 그 원인이 자신들의 의도가 아니라 유일신 숭배에 수반되는 필연이요 이스라엘의 지정학적(地政學的) 위치에 따른 어쩔 수 없는 귀결임을 이해하지 못하는 것은 아니나, 분리의 결과는 고립이요, 대립이요, 배타요, 분쟁의 씨앗이다. 오늘날 까지도 이스라엘은 전쟁의 언저리를 벗어날 수 없는 것을 익히 잘 알 것이다. 아랍의 알라신도 유일신이다. 이슬람교는 유태교와 아브라함에서 뿌리가 같지만 서로 다른 길을 걷고 있다. 유일신과 또 다른 유일신의 대립이다. 그들 사이의 갈등과 분쟁은 피 터지는 대결일 수밖에 없다.

　이상은 다른 종교 혹은 다른 국가와의 문제로 외적인 문제였다. 더욱 큰 문제점은 아브라함이 갈대아 우르를 떠날 무렵 인간과 하나님의 사이에 존재하던 희미한 경계는 세월이 흐를수록 보다 분명한 분리(分離)의 색채를 띠게 된다. 하나님과의 분리는 더욱 큰 하나님에 대한 의존성(依存性)을 초래하는 반면 친밀성(親密性)은 오히려 낮아지는 결과를 낳는다. 상호 동등한 자격에서가 아니라 군대식 수직 하향의 소통 관계가 자리 잡게 되었다. 경전의 기록 패턴도 하나님이 주인공이요 하나님이 중심으로 인간은 그의 종속된 신분으로 낮아지게 되고 인간의 존엄성(尊嚴性)과 자주성(自主性)은 평가(評價) 절하(切下)되었다. 하나님을 마땅히 공경하고 의존해야 되는 관계지만 하나님을 뵙기가 너무 어렵고 두려운 존재가 되어 버린 것이다. 구약의 하나님을 대하는 방식은 존경과 두려움 즉 경외(敬畏)로서 구약 성경에 수도 없이 많이 발견된다.

- 너희 성도들아 여호와를 경외하라 저를 경외하는 자에게는 부족함이 없도다[35]
- 이에 열방이 여호와의 이름을 경외하며 세계 열왕이 주의 영광을 경외하리니[36]
- 여호와를 경외하는 것은 사람으로 생명에 이르게 하는 것이라 경외하는 자는 족하게 지내고 재앙을 만나지 아니 하느니라[37]
- 죄인이 백번 악을 행하고도 장수하거니와 내가 정녕히 아노니 하나님을 경외하여 그 앞에 경외하는 자가 잘 될 것이요[38]
- 레위와 세운 나의 언약은 생명과 평강의 언약이라 내가 이것으로 그에게 준 것은 그로 경외하게 하려 함이리 그가 나를 경외하고 내 이름을 두려워하였으며[39]
- 그 때에 여호와를 경외하는 자들이 피차에 말하매 여호와께서 그것을 분명히 들으시고 여호와를 경외하는 자와 그 이름을 존중히 생각

하는 자를 위하여 여호와 앞에 있는 기념책에 기록하셨느니라[40]
- 여호와를 경외하는 자는 이같이 복을 얻으리로다[41]
- 여호와를 경외함으로 섬기고 떨며 즐거워할지어다[42]
- 여호와 경외하기를 깨달으며 하나님을 알게 되리니[43]

상기 다수의 성구에서 보듯이 가르침의 내용을 떠나서 표현 형식상 인간과 하나님의 분리가 감지된다. 이러한 인간과 하나님의 분리 관계는 결국 목자 없는 양 같은[44] 하나님의 백성들을 양산해 내었고 이를 너무나도 통감(痛感)한 예수의 사랑은 그 백성을 불쌍히 여기사 그들을 구원하고자 혼신의 힘을 기울이게 된다. 이 점에 대해서는 예수가 출연하는 다음 장에서 다루기로 하고 여기서 인간과 신의 분리적 관점에 대해서 좀 더 통찰해 보고자 한다.

* [불일(不一)의 관점(觀點)] : 인간과 신을 분리하려는 관점

[분리의 전제 근거]
- 원죄(原罪)
- 선악과
- 루시퍼의 교만
- 피조물과 조물주의 엄격한 자리매김

사람이 무엇이관대 주께서 저를 생각하시며 인자가 무엇이관대 주께서 저를 권고하시나이까 저를 천사(하나님)보다 조금 못하게 하시고 영화(榮華)와 존귀(尊貴)로 관을 씌우셨나이다 주의 손으로 만드신 것을 다스리게 하시고 만물을 그 발 아래 두셨으니[45]

상기 성경의 번역에서 보듯이 인간의 위상을 영화(榮華)와 존귀(尊貴)로 관을 씌웠다고 포장(包裝)하나 기실은 신과 인간이 완전히 구별된 존재로 보려는 시각이다. 인간이 하나님보다 조금 못한 존재로 보는 것도 모자라 천사보다도 못한 존재로 의도적으로 오역(誤譯)(칠십인역 성경)한 성구에서 인간과 신을 분리하려는 의도(意圖)를 쉽게 찾아볼 수 있을 것이다. 이러한 인간이 하나님과는 다르다[不一의 관점(觀點)]는 생각은 인간 육신의 제한성과 한계에 스스로를 동일시[아상(我相, ego)의 전제]한 결과지만, 스스로 상정한 신의 뜻에 부응하기 위해 자기 계발의 유인(誘因)으로 작용할 수 있다는 데서 긍정적 측면을 찾아 볼 수도 있다. 그러나 이러한 사유가 완전히 굳어지고 스스로에 내재한 신성의 자각이 결여된 경우에는 정신적 결핍감과 불행의 토대로써 작용하는 것이다. 또한 이러한 사유가 개인을 넘어 사회와 정치 종교에까지 그 범위가 확대되어 만연하게 되면 그 결과는 엄청난 인류의 고통과 억압의 씨앗이 되어 왔던 것이다. 이러한 히브리의 종교적 사유의 역사적 흐름은 헬레니즘 문화의 탄생과 함께 더욱 심화하게 되는데, 유태교에 뿌리를 둔 정통파 기독교는 이런 종교 문화적 환경을 교권확장과 신실한 신도를 억압하는 사상적 토대로 이용하였던 것이다. 인간과 신이 멀어진 틈새시장(市場)에 교회가 다크호스로 등장한 것이다. 그래서 인간의 격하는 여기서 끝나지 않았다. 인간을 하나님에게서 더욱 멀어지게 하기 위해 원죄(原罪)를 홍보(弘報)하기 시작한 것이다.

'인간은 신의 대리자'라는 소중한 가르침을 폐기하고 인간과 신의 질적인 다름이 강조되기 시작했다. 그러다 기원후 4세기가 되자 인간은 아우구스티누스에 의해 원죄를 가지고 태어난 스스로 구제받을 수 없는 '죄인'이 되었고, 이 개념은 그 후 그리스도교의 핵심 교리로 자리 잡았다.[46]

이제 인간은 원죄를 가지고 태어나 스스로 구제받을 수 없는 죄인의 위치로 전락한 것이다. 원래 하나님은 인간을 향해 동등한 입장에서 계약을 맺을 정도로 예우(禮遇)하시었다. 그러나 인간 스스로가 종교지도자들에 의해 하향일로(下向一路)의 내리막길로 치닫고 있다. 하나님보다 조금 못한 존재에서 더 나아가 천사보다 조금 못한 존재로 이제 다시 스스로 구제받을 수 없는 원죄로 태어난 죄인으로 인간의 지위는 밑바닥으로 곤두박질치고 있다.

이렇게 되자 이를 극복하려는 노력이 시작되었다. 병 주고 약 주는 식인가? 이렇게 벌어진 인간과 하나님의 거리를 극복하기 위해 대속론(代贖論)을 창안해 내었다. 그것도 독생자 예수그리스도 외에는 어느 누구도 감당할 수 없는 대속론이었다. 이것은 일견 해결책으로 보이지만 약(藥)이 아니라 독(毒)이다. 예수가 유일하신 독생자임을 내세워 지금까지 지구촌에 거(居)한 모든 인류 중 단 하나의 사람을 통해야만 구원이 가능하게 만들었다. 여타의 모든 통로는 차단(遮斷)시켜 버렸다. 종교 독점(獨占) 전매(專賣) 사업을 교회가 시작한 것이다. 예수를 유일한 하나님의 아들(獨生子)로 승격시켜 그를 이용하는 수법이었다.

2000년 기독교 역사에 등장한 다양한 신학사상이나 영성도 무시한 채 기독교 신앙을 오직 성서문자주의와 대속신앙으로 축소시켜 버린다. 아무리 경건하고 도덕적인 사람이라도 예수를 통해 죄 사함을 받지 않는 한 구원은 없다. 인간의 이성이나 도덕적 노력, 심오한 종교적 경험이나 통찰도 아무 소용없고, 타 종교의 성인이나 성자들도 구원의 반열에서 제외될 수밖에 없다. 이것이 한국 복음주의 기독교의 지독한 편협성과 배타성, 그리고 거기에 근거한 공격적 선교의 배후에 있는 신학이다.[47]

예수는 진정으로 하나님을 사랑하고 진정으로 인간을 사랑하다가 권력자들의 손에 의해 처형당한 것이지, 우리 죄를 대속하기 위해 십자가의 죽음을 자취한 것이 아니라는 사실이다. 하나님은 죄 없는 자기 아들로 하여금 우리의 죄값을 대신 치르게 하신 연후에야 인간의 죄를 용서해주시는 그런 조건적 사랑의 하나님이 아니다. 그것도 자기가 요구하는 조건을 스스로 충족시키고 죄를 용서해 주시는 우스꽝스러운 하나님은 더욱 아니다.[48]

　예수의 죽음을 가지고 인류의 죄를 속죄한다고 하는 해석은 후세의 신학에 의한 해석인 것이며 예수 자신이 그와 같이 말씀하신 문헌은 없습니다.[49]

　대속론은 면죄부 판매의 효시(嚆矢)다. 이 무슨 넌센스인가? 아니면 편협한 강박적 신경증인가? 무슨 종교가 포용과 너른 마음과 개개 인간의 평등함은 어디 갔는가? 만일 예수가 "사실 나는 날 때부터 너희와는 피가 달라 내 어머니는 동정녀 마리아야, 내 동생들도 있고 나는 그 애들과 형제지만 씨가 달라. 나의 피는 지극히 높으신 하나님의 피야(寶血). 그러니 나의 피만이 너희를 구할 수 있어 무조건 내말을 믿고 따라야 살 수 있어."라고 했다면 여러분은 이분을 따르고 싶은 생각이 드는가? 심지(心志)가 굳지 못하고 유약한 인간은 내가 감히 하나님과 맞설 수 없다는 생각에 이 작전이 먹혀들었으리라. 필자는 예수가 이런 의미의 말을 하고 다녔을 리가 없다고 생각한다. 그리고 실제로 이런 생각의 사람이라면 더 이상 그를 왈가왈부할 입고의 가치도 없다. 세상에 예외 없는 법은 없다고 한다. 그러나 예외 없는 법이 딱하나 있다고 생각한다. 만인은 평등하다는 것이다. 나는 여기서 한 치도 물러설 의향이 없다. 아마 어떠한 강한 세력에도 결코 굴(屈)하지 않은 동이족의 후손이기 때문인가 보다. 예수가 깨달은 각자(覺者)와 동급의 인물이라면 자신만이 유일한 하나님의 독생자(獨生子)라는 생각은 불가능하다. 복음서를 잘 들여다보면 파악하기 어려운 일도 아니다.

이러한 정통파 기독교 신학 사상은 유태교 이상의 배타적인 신앙체계를 만들게 된다. 기실 예수가 이 세상에 온 것은 세상 죄를 다 담당하기 위한 것이 아니었다. 예수가 처음부터 자기가 십자가에 죽을 것과 그 죽음은 인류의 죄를 대속할 죽음임을 알았다는 성경의 증언[50]은 초대 교회가 그 죽음의 의미를 해석하여 덧붙인 것에 불과하다.

당대의 환경과 예수 자신의 입장을 중심으로 역사적 안목으로 보면, 그는 세상 사람들의 죄를 대신해서 제물로 죽은 것이 아니라 자신의 가르침대로 자신의 십자가를 지고 죽었다고 할 수 있다.[51]

오늘날 신약 성경 연구가들은 신약 성경의 많은 부분에서 끼워 넣기 식의 윤색, 위조가 행해졌음을 밝히고 있다. 관심 있는 분들은 찾아 공부하기 바란다. 예수를 이용해 자신들의 이권을 챙기고 기득권을 지키려는 세력이 의심되지만 교묘하게 엄청난 날조, 윤색, 조작, 오류투성이의 성경을 탄생시켜 어느 것이 역사적 예수의 참 모습인지 구별하지 못할 정도로 만들어 버렸다. 예수가 진정 말하고 싶었던 가르침은 뒷전이 되었다. 이래놓고 경전의 신성불가침이나 무오류성을 주장하고 나서는 행태를 보이니 기가 찰 노릇이다. 정작 예수는 자신만이 유일한 독생자라고 생각할 리가 없다. 다음 성구를 보자. "예수께서 나오사 큰 무리를 보시고 그 목자 없는 양 같음을 인하여 불쌍히 여기사 이에 여러 가지로 가르치시더라"[52]에서 보듯이 예수는 하나님과 분리되어 고통받고 있는 백성의 아픔과 고통을 절감하고 그들을 깨우쳐 구하는 일이 주된 목적이었다. 즉 그들을 자신과 같은(동등한) 사람으로 만들고 싶었다. 만일 하나님의 공의를 위해 희생양(대속물)으로 죽어 하나님의 공의를 만족하시는 그 일이 지상 과제였다면 단순히 목숨을 바쳐 임무는 완성되는 것이고 백성을 굳이 가르칠 필요도 없고 백성들 또한 관여할 바가 없다. 백성은 제3자인 예수가 십자가에 죽어 죄값은 다 치렀으니 죄인은 죄에서 해방되면 끝나는 일이다. 이것이 피고(被告)는 빠지고 검사와 변호사가 주고받는 법정의 형량거래(plea deal)도 아니고 하나님의 처리 방식으로는 도저히 믿어지지가 않는다. 더구나 다음 결정적인 예수의 말씀은 무어라 반박할 것인가?

　　무리와 제자들을 불러 이르시되 아무든지 나를 따라 오려거든 자기를 부인하고 **자기 십자가를 지고** 나를 좇을 것이니라[53]

　　아무든지 나를 따라 오려거든 자기를 부인하고 자기 십자가를 지고 나를 좇으라 하시지 않는가? 예수가 하나님의 독생자로 모든 세상 죄를 지고 갈 어린 양의 임무를 부여받은 것이라면 이런 말을 했을 리가 없지 않은가? 자기 죄는 자기가 지어야 하기 때문에 자기 십자가를 지어야 한다는 말씀이다. 대속론은 종교 틈새시장의 상품치고는 달달하여 상품성이 높다. 대속을 믿기만 하면 죄가 다 씻어지는데 이보다 더 좋은 제안은 없어 보인다. 대속론은 왜 이렇게 아구가 안 맞는가? 대속론은 교회가 창안하여 억지로 끼워 맞춘 사설(邪說)이기 때문이 아니겠는가? 대속론은 마땅히 폐기(廢棄)되어야 할 사설(邪說)이다. 이를 반증하기라도 하듯 대속론에 대한 주장과 변설(辨說)이 한두 가지가 아니고 애초부터 맞지 않는 것을 뚜드려 맞추려는 기색이 역력하다. 더 나아가 보자. 이러한 대속론의 음모를 달성하기 위해서는 사전 작업이 필요했는지도 모를 일이다. 그래서 등장한 것이 전술한 원죄(原罪)다.

원죄(原罪)

아우구스티누스의 「신국론」에서 밝힌 인간의 원죄에 대한 견해가 타당한 것인가? 하는 의문을 제기하지 않을 수 없다. 인간의 본성에 내재한 원죄가 있다는 그의 발상(發想)은 인간이 태생적으로 죄성을 갖고 태어난다는 논리다. 신화적으로 펼쳐지는 아담과 이브의 이야기에서 인간의 어리석음과 교만과 불순종, 자만심으로 선악과를 따 먹음으로써 인간의 마음에 악의 뿌리(radix mali)가 본성으로 심겨져 타락이 시작된 것으로 보는 것이다. 그러나 아담과 이브가 선악과 먹기 직전으로 돌아가 보자. 다른 것은 제쳐두고 아담과 이브는 선택의 기로에서 선악과를 먹는 유혹에 넘어간 것이다. 잘못이라면 지혜의 결핍으로 어리석은 선택을 한 것뿐이다. 원죄를 인정한다면 그것은 지혜의 결핍이라는 등식이 성립된다[원죄=지혜의 결핍]. 만일 선악과로 인간의 마음에 악의 뿌리(radix mali)가 본성으로 심겨진 것이라면 그 이후의 모든 선택은 모두 잘못된 선택이 되어야 한다. 잘못된 선택이 본성으로 심어지게 되었기 때문이다. 그러나 인간은 죽을 때까지 선택의 기로에 서 있는 존재다. 그리고 선악과를 먹기 전이나 후나 선택의 그 본성 자체는 달라진 것이 없다. 그럼 그 본성으로서의 타락의 씨앗은 어디에 심겨져 있다는 말인가? 인간의 생물학적 유전자인가 아니면 마음인가? 마음은 각각 독립된 정체성이니 부합하지 않고 생물학적 유전자여야 한다. 유전자가 인간의 심성을 좌우하는가? 전혀 그럴 것 같지 않다. 타락 후의 인간인데도 우리는 얼마든지 선한 양심과 올바른 선택을 하지 않는가? 그렇다고 예수의 보혈(寶血)이 원죄인 지혜의 결핍을 씻어 지혜로운 인간으로 만들어 주는가? 지혜와 피는 작용 분야가 전혀 다르다. 하나는 metaphysical이요 다른 하나는 physical이기 때문이다. 이런 씨도 안 먹히는 미신은 고대인들에게는 그럴듯했을지 몰라도 인지가 발달한 현금에서는 설득력이 전혀 없어 보인다.

또 하나의 반론은 아우구스티누스의 견해와 달리 아담과 이브는 이미 선악과를 먹기 전인데도 본성의 타락 없이 타락이 선행되었다는 사실이다. 그래서 선악과를 먹는 잘못된 선택을 한 것이다. 그렇다면 애써 본성의 타락을 들고 나온 이유가 무엇인가? 논리상 선악과를 먹기 전에는 올바른 선택만 하여야 한다. 그러나 먹기 전도 먹은 후와 똑같지 않은가? 선악과와 인간 본성의 타락과는 아무 상관이 없다.

선악과

창세기의 선악과는 인간 본성의 타락으로 이해하는 것보다는 신과 인간의 분리로 보는 것이 타당할 것으로 보인다.

9 여호와 하나님이 그 땅에서 보기에 아름답고 먹기에 좋은 나무가 나게 하시니 동산 가운데에는 생명나무와 선악을 알게 하는 나무도 있더라[54]

5 너희가 그것을 먹는 날에는 너희 눈이 밝아 하나님과 같이 되어 선악을 알줄을 하나님이 아심이니라

17 아담에게 이르시되 네가 네 아내의 말을 듣고 내가 너더러 먹지 말라한 나무 실과를 먹었은즉 땅은 너로 인하여 저주를 받고 너는 종신토록 수고하여야 그 소산을 먹으리라[55]

인간의 지혜가 밝아져 선과 악을 알게 된다는 의미는 의식이 2분법적 사유로의 전환으로 불가(佛家)의 분별(分別, vikalpa)에 해당한다. 논리(論理), 이성(理性), 희론(戱論) 등의 사유의 틀로서 세상의 모든 사상(事

象) 일체를 인식하려는 태도다. 창세기 3장 17절에 보이듯이 인간만 타락한 것이 아니라 선악과를 먹지도 않은 땅이 너로 인하여 저주를 받은 것은 무엇을 말하는가? 인간의 사유패턴이 따지고 분별을 하기 시작하면 온 세상천지는 신과 합일의 사랑의 지경(생명나무)에서 당장 분리에 따른 아픔과 고통(선악을 알게 하는 나무)을 겪게 되는 것을 경험한다. 생명나무가 선악을 알게 하는 나무로 단박에 변한다. 분명 선악과는 본성의 타락이 아니라 분별을 상징한다.

불가에서는 불성은 물들여 더럽혀질 수 없는 것이라고 한다. 거울이 무명에 의해 더러운 상을 비출 수는 있으나(분별) 거울 자체를 물들일 수는 없다. 이를 **자성청정심(自性淸淨心)**이라 한다. 이는 본래부터 저절로 갖추고 있는 우리의 본마음으로서 그 바탕이 청정하다는 뜻이다. 이것을 불성(佛性), 법성(法性), 본래면목(本來面目), 여래장심(如來藏心), 자성(自性)이라고도 하며 의미상 모두 같은 말이다.

여하튼 아우구스티누스는 모든 인간을 절망에 빠뜨리고 오직 십자가 대속을 통해서만 구원받을 수 있다는 단 하나의 통로를 만들기 위해 이러한 엄청난 사전 공작을 한 것에 지나지 않는다. 이러한 논리는 분리적 사유를 그 바탕으로 하는 것이다. 이는 다만 인간의 **주체성 자체(자신의 참된 정체성)**를 약화 순치(馴致)시키기 위한 전략일 뿐이다. 우리가 불성 혹은 신성을 타고난 존재라는 의미에서 신성은 곧 주체성이다. 우리의 존재 자체가 신성의 현현(顯現)이며, 경이(驚異) 자체이다. 이렇게 신성을 타고난 고귀한 존재에 대해서 애초에 죄악의 씨가 심겨졌다는 기독교 교의(敎義, dogma)는 향후 불행의 씨앗으로서 그 독성을 유감없이 두고두고 퍼뜨리게 된다.

루시퍼의 교만

12 너 아침의 아들 계명성이여 어찌 그리 하늘에서 떨어졌으며 너 열국을 엎은 자여 어찌 그리 땅에 찍혔는고

13 네가 네 마음에 이르기를 내가 하늘에 올라 하나님의 뭇별 위에 나의 보좌를 높이리라 내가 북극 집회의 산 위에 좌정하리라

14 가장 높은 구름에 올라 지극히 높은 자와 비기리라 하도다

15 그러나 이제 네가 음부 곧 구덩이의 맨밑에 빠치우리로다[56]

18 교만은 패망의 선봉이요 거만한 마음은 넘어짐의 앞잡이니라[57]

이 구절은 신과의 경계를 허물고 자신의 신적인 참된 정체성을 되찾으려는 사람들을 협박하는 구절로 유명하다. 감히 인간으로서 하나님과 같아지려고 하다니 교만, 거만할 뿐 아니라 사탄과 같은 부류라는 것이다. 일견 그럴듯한 설득력을 갖는다. 하지만 한번 깊이 생각해 보자. 만일 자신의 내재된 신성을 깨닫고 하나님의 겸손과 사랑의 참 성품을 일깨워 하나님과 동등(同等)하게 되려는 사람이 있다면 이 사람이 하늘에 올라 하나님의 뭇별 위에 나의 보좌를 높이려는 교만한 자(루시퍼)이겠는가?

기독교 전통에서도 합일을 이야기하거든요, 그 대표적인 것이 자신이 신이 되었다는 신화(神化, deificaion) 개념이라 볼 수 있지요. 자신이 신이 되었다는 것은 자기 자신을 스스로 높이려는 오만이 아니라 자기가 없어진다는 겸손의 극치로 볼 수 있습니다.[58]

하나님은 이런 사람을 쌍수를 들고 반길 것이다. 하나님과 같아지려고

했으니 이것이 교만인가? 이사야는 이런 사람을 염두에 두고 한 말이 아니다.

여기에 비해 마음의 감화나 영적 성장이 없이 종교 직급만 올라 자신의 주장만 일삼는 사람이 있다 하자. 자신은 하나님의 비천(卑賤)한 종이라고 자처하면서 하나님의 위세를 등에 업고 온갖 만행과 신도를 박해한다면 이는 하나님과 동등을 넘어 그 이상의 권력을 행사하는 것 아닌가?[호가호위(狐假虎威)] 이런 자가 가장 높은 구름에 올라 지극히 높은 자와 비기려는 자일 것이다. 하나님과 동등해지는 것이 과연 무엇인지는 하나님과 동등한 예수의 행적을 보면 알 것이다. 그는 우리에게 모범을 보이신 것이다. 그리고 너희도 나와 같이 동등해지라고(온전하라고) 말씀하셨다. 이래도 하나님과 같아지려는 자가 지극히 높은 자와 비기려는 자인가? 이 논법은 참된 신앙인을 괴롭히는 비장의 무기로 예수를 참람하다 하여 십자가에 못 박고, 예수 그리스도와 같아지려는 사람을 핍박하는 전가(傳家)의 보도(寶刀)처럼 타락한 종교지도자의 손에 아직도 들려 있는지 모를 일이다.

피조물과 조물주의 엄격한 자리매김

이러한 피조물과 조물주라는 각각 독립된 개체로서 인식하는 사고의 발상은 신을 자신 밖의 존재로 상정할 때 필연적으로 생기는 것으로 분리적 사유의 결과다. 창세기의 창조 설화도 모두 이러한 외재신의 개념을 의식의 밑바탕에 깔고 있는 성경 기자에 의하여 쓰여진 것이다. 예수가 이 땅에 오신 목적이 이러한 분리적 사유의 틀을 깨기 위해 오신 것이다. 나를 포함한 일체의 본원인 공한 자리는 참나(眞我)로서 조물주와 피조물이 갈라질 수 없으며 분리가 되지 않는다. 즉 일체는 이 참나의 작용에 의

하여 창조된 것으로 원칙적으로 참나에 귀속된다. 이러한 의미에서 인간은 피조물이 아니라 영존하는 아버지다.

이는 한 아기가 우리에게 났고 한 아들을 우리에게 주신바 되었는데 그 어깨에는 정사를 메었고 그 이름은 기묘자라, 모사라, 전능하신 하나님이라, 영존하시는 아버지라, 평강의 왕이라 할 것임이라[59]

상기 이사야서의 예언은 흔히 예수 탄생의 예언으로 해석된다. 그러나 예수는 우리 인간을 자기와 동류로 인식한 점을 기억한다면 인간은 결국 영존하는 아버지라는 뜻이다. 불가의 화엄경에는 일체유심조(一切唯心造)라고 표현되어 있다. 모든 현상은 오로지 마음이 만든 것이고 마음이 창조해 낸 것이라는 뜻이다. 이러한 의미에서 본다면 인간은 피조물이 아니고 그 마음으로 일체를 만들어 내는 창조자라는 의미이다. 피조물과 조물주의 엄격한 자리매김을 좋아하는 사람은 자승자박의 고통을 맛볼 수밖에 없는 것이 우주의 이치다. 분리는 모든 고통의 시작이고 사랑과 자비는 모든 분리의 접착제이기 때문이다.

이제 예수의 등장이 시작될 시점이다. 이미 기독교의 원죄와 대속론에 대한 비평은 살펴본 바와 같고 이제 시작할 예수에서도 인간과 하나님의 소통 관계에 입각한 시각(視角)을 견지할 것이다. 이 시각을 강조하는 이유는 여타의 역사적 예수에 덧칠해진 군더더기를 분별할 수 있는 결정적 시금석(試金石) 중 하나이기 때문이다.

제5장

하나님과
하나가 된 예수

인간과 신의 합일

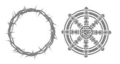

이에 성소 휘장이 위로부터 아래까지 찢어져 둘이 되니라[60]

아브라함이 수메르를 떠나 신앙의 여정을 떠날 때부터 하나님과의 소통방법에 준해서 살펴보았다. 신앙의 여정에 이 소통 방법 자체가 중요한 것이 아니라 이 소통 방법을 들여다보면 화자(話者)의 위상과 신분이 들어나기 때문이다. 쉬운 예로 사람들이 상대방을 대하는 방식만 보아도 상대가 어떤 신분의 사람인지를 눈치 챌 수 있는 이치와 같다. 아브라함으로부터 700여 년마다 한 번씩 2번의 소통 방식의 변화가 있었고 그리고 바야흐로 700여 년의 세월이 더 흘러 도합 2000여 년이 흘렀다. 드디어 인간과 하나님과의 사이에 가리어 있던 휘장이 찢어져 소통방식에 대변혁이 일어나게 된 것이다. 예수는 하나님과의 소통을 가로막는 휘장을 찢고 하나님과 동등한 자격의 정체성으로 역사에 출현한 것이다. 이는 선가(禪家)에서 하인이 대오(大悟, buddha)한 후 조사(祖師)의 법을 이어받아 개산(開山)하는 것과 비교할 수 있다. 조사와 동등한 자격으로 독자적으로 자신의 산문(山門)을 열어 가르침을 베풀기 시작한 것과 같다.

하나님도 인간도 얼마나 애타게 기다리던 시간인가! 아브라함이 갈대아 우르를 떠나면서 시작된 신앙의 여정이 2000여 년이 흘렀다. 이제 신앙의 여정은 그 소통방식이 무르익어 드디어 하나님과의 분리막이 사라지게 된 것이다. 대화 방식에 혁명이 도래한 것이다. 이는 또한 유태교의 근간을 뿌리째 흔드는 대사건이었다. 유일신(唯一神) 외재신교(外在神敎)가 만인(萬人) 내재신교(內在神敎)로 바뀌는 엄청난 혁명인 것이다.

이제 하나님과의 소통 방법에 신경 쓸 필요조차 없어졌다. 하나님이 내 가슴으로 들어오셨기 때문이다. 소통의 대상도 갑자기 바뀌게 되었다. 인간과 하나님의 소통이 아니라 이 소식을 아는 나와 모르는 이웃(인간과 인간)과의 소통 문제로 바뀌게 된 것이다. 즉 하나님이 내 안에 계시다는 이 기쁜 소식을 다른 사람에게 전하게 된 상황으로 바뀐 것이다. 소통의 패러다임 자체가 변화된 것이다. 그러니 예수의 첫 공생애(公生涯)의 시작을 알리는 다음 구절은 지난 2000여 년간의 누적된 감회를 단 한마디 말에 담아 놓은 것임을 명심해야 한다. 그 벅찬 감격을 어찌 필설로 다할 수 있으랴? 광복 후 첫날 새 하늘과 새 땅에서 새 아침을 맞는 감격과 같은 것이다.

> 때가 찼고 하나님 나라가 가까왔으니
> 회개하고 복음을 믿으라[61]

성소와 간막이 휘장 안쪽을 지성소라고 불렀는데[62] 휘장은 찢어져 둘이 되었지만 성소와 지성소는 하나가 되어 구별이 없어졌다. 은유(隱喩)지만 예수가 이 세상에 오신 이유를 이보다 더 잘 표현할 수는 없다고 생각한다. 하나님과 인간 사이의 관계를 가로 막는 세상의 온갖 잡설(雜說)과 음모(陰謀)를 단칼에 베어버리는 통쾌함이 하늘을 찌르는 것 같다. 나와 하나님과 사이에 중재자를 다시 둘 필요도 없어졌다. 내가 곧 예수요 그리스도니 예수라는 중재자가 새삼스럽게 필요한 것이 아니다. 그의 가르침이 참조와 도움은 되겠지만 내 안의 내 하나님이 더 중요하고, 예수의 스승으로서의 역할은 끝났다. 선가의 조사는 제자가 대오(大悟)하면 그를 인가하고 자기와 동등한 자격으로 대하는 이치와 같다.

여기서 예수가 믿으라는 복음은 무엇인가? 교회의 가르침대로 십자가 대속을 믿고 죄(값)를 씻어(갚아) 구원에 이르는 것이 복음인가? 그것은 교회의 주장이고 우리는 예수의 말씀을 들어보자. 여기서 예수의 세상을 향한 첫 가르침이 회개하고 복음을 믿으라는 것이다. 교회의 가르침대로라면 우리가 알고 있는 복음은 십자가의 죽음으로 대속사역이 끝나야 복음이 완성되는 것 아닌가? 십자가의 사역은 아직 시작도 안 되었는데 예수의 복음은 무슨 복음이란 말인가? 여기서 예수의 복음은 교회의 복음과 다르다는 것을 깨달아야 한다. 예수는 시작부터 복음을 외치고 있지 않는가? 예수의 복음은 처음부터 대속과는 아무 관계도 없다.

회개하고 복음을 믿으라 했는데 무엇을 또 회개하라는 말인가? 여기서 회개는 교회가 가르치는 죄의 고백이 아니라 사고를 전환(metanoia)하라는 말이다. 즉 마음을 바꾸라 혹은 다르게 생각하라는 뜻이다. 그러니 이 말씀은 **마음을 바꾸어 네 안에 하나님이 계시다는 내 말(복음)을 믿으라**는 것이다. 즉 내가 그리스도인 것처럼 너도 그리스도요 하나님의 아들이라는 말이다. 이것이 복음이다. 예수는 이것을 알리기 위해서 세상에 오신 것이 명확관화(明確觀火)하다. 세상 죄(죄값)를 변제(辨濟)하러 오신 것이 아니다. 이러한 시각은 하나님과 인간의 소통방법을 공부하며 얻은 결론이다. 이러한 시각은 또한 여타의 예수에 덧씌워진 모든 군더더기를 제거하는 데 유효하다. 그의 참 모습을 바르게 볼 수 있는 투시경(透視鏡)을 제공한다.

이제 예수가 세상에 임하심으로 세상은 다른 세상으로 바뀌게 되는 게 마땅하다. 성소와 지성소 사이의 휘장이 찢어져 살아 있는 생불(生佛, 붓다) 그리스도가 역사에 나타난 것이다. 하나님과의 소통 방법에 대로가 뚫리고 인간의 위상은 창세기 1장 26절 말씀같이 원래처럼 신과 동격으로 복원(復元)되었다.

하나님이 가라사대 우리의 형상을 따라 **우리의 모양대로** 우리가 사람을 만들고 그로 바다의 고기와 공중의 새와 육축과 온 땅과 땅에 기는 모든 것을 다스리게 하자 하시고[63]

우리 인간은 태일인간 신의 현현이었던 것이다. 모두가 왕 같은 제사장이요 하나님의 아들딸인 것이다. 얼마나 기쁜 소식인가? 예수는 이 사실을 알리기 위해서 이 땅에 오신 것이다. 사안(事案)이 중대한 만큼 여기서 다시 한번 짚고 가야겠다.

34 제 구시에 예수께서 크게 소리지르시되 엘리 엘리 라마 사박다니 하시니 이를 번역하면 나의 하나님 나의 하나님 어찌하여 나를 버리셨나이까 하는 뜻이라
35 곁에 섰던 자 중 어떤이들이 듣고 가로되 보라 엘리야를 부른다 하고
37 예수께서 큰 소리를 지르시고 운명하시다
38 이에 성소 휘장이 위로부터 아래까지 찢어져 둘이 되니라[64]

이 휘장이 갈라진 상징과 은유를 예수의 십자가 죽음과 맞물리어 기록함으로써 마치 그가 대속 사역을 완수하자 찢어진 것으로 보이려는 성경 기자의 시도가 있었는지는 알 수 없지만 성소 휘장은 영적으로 예수의 공생애 시작과 함께 이미 찢어진 것이다. 바로 세례요한에게서 세례를 받으

신 때이다.

예수께서 세례를 받으시고 곧 물에서 올라오실 쌔 하늘이 열리고 하나
님의 성령이 비둘기 같이 내려 자기 위에 임하심을 보시더니[65]

하늘이 열린 것은 천계(天界)와 지계(地界) 사이의 분리막이 갈라져 인
간계와 천상계가 하나가 되어 둘이 아니라는 뜻이다. 성소의 휘장이 찢어
진 것도 같은 내용이다. 성소 휘장이 찢어지는 사건에 대해서 대속의 의
미를 부여하려는 의도는 옳지 않다. 즉 두 사건은 예수 공생애의 시작과
끝을 알리는 은유(metaphor)에 불과하다. 또한 예수가 죽기 훨씬 전에 변
화산에 나타난 엘리야와 모세는 예수 보혈의 대속(代贖)을 믿은 적이 없
는데 어떻게 구원받아 어디 있다가 변화산에 다시 나타난 것인가? 지옥에
서 불러낸 것인가?

2 엿새 후에 예수께서 베드로와 야고보와 요한을 데리시고 따로 높은
산에 올라가셨더니 저희 앞에서 변형되사
3 그 옷이 광채가 나며 세상에서 빨래하는 자가 그렇게 희게 할 수 없을
만큼 심히 희어졌더라
4 이에 엘리야가 모세와 함께 저희에게 나타나 예수로 더불어 말씀하
거늘
5 베드로가 예수께 고하되 랍비여 우리가 여기 있는 것이 좋사오니 우
리가 초막 셋을 짓되 하나는 주를 위하여, 하나는 모세를 위하여, 하나는
엘리야를 위하여 하사이다 하니
6 이는 저희가 심히 무서워하므로 저가 무슨 말을 할는지 알지 못함이
더라[66]

예수가 직접 생전에 가르친 하나님 나라에 들어가는 방법은 대속에 의한 방법이 아님을 확실히 알아야 한다.

예수께서 대답하시되 진실로 진실로 네게 이르노니 사람이 물과 성령으로 나지 아니하면 하나님 나라에 들어갈 수 없느니라[67]

이 가르침은 교회에서 가르치는 하나님 나라에 들어가는 방법과는 전혀 다르다. 죄값을 변제하는 대속이 끼어들 여지가 여기 어디에 조금이라도 있는가? 아무런 의식의 변성[悔改(metanoia), 공성의 깨침, 물과 성령으로 거듭남] 없이 지은 죄를 특별한 존재인 하나님의 독생자의 피값으로 대신 갚는다는 개념은 전혀 없다. 죄값에 대한 보상을 독생자의 피로 대신 치루고 천국에 들어간다는 문자주의 신학은 결코 예수가 가르친 복음이 아니다.

자 그러면 예수의 사역을 보자. 그가 온 것은 모든 인간이 그리스도로서 그 안에 모든 것이 하나가 되게 하려는 것이다. 모든 분리와 단절을 와해(瓦解) 통일시키려는 것이다.

하늘에 있는 것이나 땅에 있는 것이 다
그리스도 안에서
통일되게 하려 하심이라[68]

우리와 같이 저희도 하나가 되게 하옵소서
아버지께서 내 안에, 내가 아버지 안에 있는 것같이
저희도 다

하나가 되어 우리 안에 있게 하사[69]

상기 말씀을 다음과 비교해 보자.

삼신이 현실계에 자기를 드러낸 것이 '하늘과 땅과 인간'이다. 삼신이 현현(顯現)한 천지인을 삼위일체(三位一體)적 존재로 인식하고 그 틀에서 인간 역사를 해석하는 것이 바로 신교 사관이다. …… 신교사관에서는 인간을 천지로부터 대광명의 성령기운을 받아 사물을 보고 느끼고 판단하는 영적 존재로 본다. **인간은 천지와 교감하며 하나 되어 사는 신령스러운 존재라는 것**이다. 이러한 신교사관에서는 인간을 천지의 아들딸로, 천지를 인간 생명의 부모로 인식한다. 더 나아가 인간은 천지부모의 꿈과 이상을 실현하는 주체로서 천지보다 더 큰[大] 존재, '태일(太一)'이라는 것이다. 인간의 위격과 가치에 대한 파천황적인 선언이다.

이 언급과 비교하여 어떤 차이를 느끼는가? 약간의 표현방식이 다를 뿐 어떠한 구별도 느껴지지 않는다. 필자는 아브라함에서 예수까지 이르는 신앙 여정이 멀고도 먼 길을 돌아 결국 종교의 시원(始原)인 동이족의 신교사관에 도달하였다고 생각한다. 또한 예수가 공생애를 시작하면서 최초로 선포한 천국(하나님 나라)은 무엇을 지칭하는가? 이 개념 또한 아주 중요하기 때문에 살펴보지 않을 수 없다.

예수가 가르친 천국은 죽어서 가는 곳이 아니다

우리가 확실히 깨달아야 하는 것은 인간은 결코 죽을 수 없다는 진실이다. 인지의 미개발에 따른 인간의 생각은 자신의 정체성을 육체와 동일시하면서 죽음이 모든 것의 끝이라고 두려워하거나 혹은 사후 세계에서 영속적인 안녕을 바라기도 한다. 그러나 인간은 육체의 몸을 입고 있지만 신적 존재이기도 하기 때문에 죽으려 해도 죽을 수 없다(不一而不二, 불이의 관점 참조). 여하튼 인간은 미지의 사후세계에 대한 막연한 두려움과 영속하고자 하는 욕망은 사후세계의 영생을 꿈꾼다. 여기서 대다수의 종교는 이러한 사후 세계에서의 평안을 약속해 주는 역할을 담당한다. 정통파 기독교 역시 이러한 영원한 평안 혹은 영생을 얻어 사는 곳이 천국이라고 가르치며 결국 천국은 인간이 죽어서 가는 곳인 셈이다. 정통파 기독교의 가르침이 예수 천당은 기본적 교의이기 때문에 신자들은 말할 것도 없지만 교회를 다니지 않는 사람도 하나님 나라는 저 하늘 너머 어딘가 죽어서 가는 곳이라는 생각이 지배적이다. 그러나 이 모든 생각은 불가의 궁극적 관점에서 보면 망념(妄念) 희론(戲論)일 뿐이다. 그렇다면 예수가 가르치는 하나님 나라(천국)는 정통파 기독교가 가르치는 곳과 같은 곳인가? 우리는 정통파 기독교의 가르침에 너무 오염되어 있다. 우리는 신약 성경의 예수의 입에서 직접 나오는 말씀에서 오직 그 답을 찾을 수밖에 없다. 결론부터 말하면 예수가 가리키는 하나님 나라는 죽어서 가는 저 하나님 나라가 결코 아니라는 것이다. 다음에 열거된 그의 직접적 가르침을 분석해 보면 그의 가르침이 모두 현생의 지금 여기를 지목하고 있음을 발견할 수 있을 것이다. 우선 마가복음 1장 15절은 다음과 같다.

때가 찼고 하나님 나라가 가까왔으니 회개하고 복음을 믿으라
The time is fulfilled, and the kingdom of God is at hand: repent ye, and believe the gospel.

하나님 나라가 가까왔다는 표현이다. 하나님 나라가 가까운 곳에 왔는

데 이것이 죽어서 가는 먼 그곳이 아니지 않는가? 상기 영어 성경 흠정역본에는 가깝다는 표현이 at hand로 되어있다. at hand의 사전적 의미는 '(거리가) 가까운; 가까운 장래에, 머지않아, 즉시 쓸 수 있도록 (준비하여). (=close by, near)'로 되어 있다. 현금(現今) 여기 근처이지 시·공간적으로 여기서 멀리 떨어져 있는 곳은 결코 아니다. 다시 말해 예수가 말하는 하나님 나라는 지금 여기에 관련된 것이지 죽어서 가는 저 세상의 하나님 나라가 아님을 알 수 있다. 또한 마태복음 5장 10절은 다음과 같다.

의를 위하여 핍박을 받은 자는 복이 있나니 천국이 저희 것임이라[70]
Blessed are they which are persecuted for righteousness' sake: for theirs is the kingdom of heaven.

여기서는 천국이 의를 위하여 핍박받는 자의 소유물(저희 것)로 표현되어 있다. 그러므로 천국이 장소나 공간적 의미가 아니라는 것을 알 수 있다. 예수는 선불교와 마찬가지로 미래에 대해 별로 신경을 쓰지 않는다. 정통파 기독교와는 달리 현재를 중시한다. 다음 구절이 이를 증명한다.

내일 일을 위하여 염려하지 말라 내일 일은 내일 염려할 것이요 한 날 괴로움은 그날에 족하니라[71]

분명히 예수의 가르침은 미래지향적이 아니고 그의 관심은 지금 여기 오늘에 모아져 있다. 또한 하나님 나라에 대한 보다 더 결정적 단서는 예수가 제자들에게 가르치신 주기도문에 있다.

9 그러므로 너희는 이렇게 기도하라 하늘에 계신 우리 아버지여 이름이

거룩히 여김을 받으시오며

10 나라이 임하옵시며 뜻이 하늘에서 이룬 것 같이 땅에서도 이루어지이다[72]

9 After this manner therefore pray ye: Our Father which art in heaven, Hallowed be thy name.

10 Thy kingdom come, Thy will be done in earth, as it is in heaven.

상기 마태복음 6장 10절에 보이듯이 예수가 '나라이 임하옵시며'라고 기도한 나라는 하나님 나라이고, 그 임하시기를 바라는 나라는 바로 하나님의 뜻이 하늘에서처럼 땅에서 이루어진 나라이다. 결국 그 하나님의 나라는 땅에서 이루어지는 나라이지 하늘에서 이루어지는 나라가 결코 아니다. 그러므로 **예수가 가르친 천국은 죽어서 가는 곳이 아니다.** 신약 성경 전체를 관통하는 예수의 가르침은 지극히 현실적인 것으로 현금 여기에서의 천국 실현이었다. 그러면 이 땅은 어떤 땅일까? 이 땅이 지구상의 땅을 가리키는 것일까? 다음 요한복음 18장 36절을 보자.

예수께서 대답하시되 내 나라는 이 세상에 속한 것이 아니라 만일 내 나라가 이 세상에 속한 것이었더면 내 종들이 싸워 나로 유대인들에게 넘기우지 않게 하였으리라 이제 내 나라는 여기에 속한 것이 아니니라[73]

예수가 말하는 하나님이 다스리는 내 나라는 이 세상에 속한 것이 아니라는 분명한 언명이다. 이제 보다 분명하여졌다. 하나님의 나라는 죽어서 가는 저 천국도 아니고 이 세상의 땅에 속한 나라도 아니다. 그러면 하나님 나라는 도대체 어디에 있단 말인가? 역시 답은 예수의 입에서 나온다.

다음의 아름다운 예수의 가르침에 맑고 밝은 마음으로 귀를 기울여 보자. 우리는 여기서 하나님 나라가 무엇이고 어디에 있는지 분명히 알게 될 것이다.

1 예수께서 무리를 보시고 산에 올라가 앉으시니 제자들이 나아온지라

2 입을 열어 가르쳐 가라사대

3 심령이 가난한 자(the poor in spirit)는 복이 있나니 천국이 저희 것임이요

4 애통하는 자는 복이 있나니 저희가 위로를 받을 것임이요

5 온유한 자는 복이 있나니 저희가 땅을 기업으로 받을 것임이요

6 의에 주리고 목마른 자는 복이 있나니 저희가 배부를 것임이요

7 긍휼히 여기는 자는 복이 있나니 저희가 긍휼히 여김을 받을 것임이요

8 마음이 청결한 자는 복이 있나니 저희가 하나님을 볼 것임이요

9 화평케 하는 자는 복이 있나니 저희가 하나님의 아들이라 일컬음을 받을 것임이요

10 의를 위하여 핍박을 받은 자는 복이 있나니 천국이 저희 것임이라

자 여기까지 오면서 하나님 나라가 어디에 있는지 감이 잡히는가? '심령이 가난한 자는 복이 있나니 천국이 저희 것'이라는 말씀으로 보아 천국은 심령상의 문제이다. '마음이 청결한 자는 복이 있나니 저희가 하나님을 볼 것임이요'에서는 마음이 청결한 자가 하나님 나라에 사시는 하나님까지 본다고 되어 있다. 결론적으로 예수가 가리키는 하나님 나라는 우리의 마음 혹은 의식상에 있는 나라임이 확실하다. 이 하나님 나라의 땅은 우리의 마음 상태 곧 의식상의 나라이지 다른 어느 것도 아님을 명심하기 바란다.

이제 예수의 출현과 그의 십자가에서의 죽음 그리고 유태교의 종교지도자와 신흥 기독교 지도자들의 태도에 대해서도 인간과 신의 소통 시각에서 살펴보도록 하자.

예수의 가르침은 유태교와는 다르다

1세기에서 3세기에 이르는 시기 기독교와 유태교는 점차 서로 다른 교리와 집단을 갖는 별개의 조직으로 분화되었으며, 마침내 서로를 완전히 부정하기에 이르렀다. 이 역사적 기록을 보더라도 예수를 신실히 믿는 사람들조차 예수의 가르침의 본의에 민감하지 못한 것을 알 수 있다. 초기 기독교인들은 유태인이었고, 자신들이 유태교와 다른 종교라고 생각하지도 않았다. 유태교와 갈라선 이유도 근본가르침이 다르다는 이유가 아니다. 자세한 분리 이유는 생략하기로 한다.

그러나 예수의 가르침은 전술한 대로 유태교와는 근본적으로 약간 다르다. 그러나 여기서 약간만 방향만 잘못 잡으면 엉뚱한 파국(破局)을 초래한다는 사실을 그 이후 교회사는 생생하게 보여 주고 있다. 유태교의 역사에서 인간과 신의 소통방법에 대해서 700년마다 발전된 모습을 보여 왔지만 예수에 이르러 성소의 휘장이 찢어지면서 새로운 패러다임의 종교가 되어버린 것이다. 종교 발달의 관점에서는 당연하고 바람직한 결과지만 종교학적으로 **유일신(唯一神) 외재신교(外在神敎)**가 **만인(萬人) 내재신교(內在神敎)**로 바뀌는 엄청난 혁명인 것이다. 그러나 초기 기독교인들은 유태인이었고 자신들이 유태교와 다른 종교라고 생각하지도 않았으니 많은 문제점을 안고 초대교회는 출범하게 된 것이다. 이제까지 믿던 하나님보다 인간 예수와는 조금 더 가까워졌지만 그의 가르침을 온전히 깨닫지 못하고 있었다.

여기서 역사를 뒤돌아 2000여 년 전 아브라함이 갈대아 우르를 떠날 때의 수메르 지역 상황을 다시 한번 살펴보자. 동이족 환국이 전해준 신교 사관은 개개 인간이 본래 부처요 그리스도인 태일인간이라는 것으로 이 높은 내재적 가르침은 꽃을 피울 수 없었다. 이 고준(高峻)한 가르침은 스스로의 실천과 수행이 결여된 인간과 신의 불분명한 경계(境界)의 토양(土壤)에서 자신 밖의 외재적(外在的) 다신(多神)의 양상으로 전개될 수밖에 없었고, 수메르인은 아직 높은 가르침을 수용할 만한 종교 문화적 역량이 부족했던 것이다. 이에 아브라함은 여기서 탈출(제1차 엑소더스)한 것이다. 아브라함 이후 다시 2000년이 지나 예수는 인간의식의 절정(絶頂)에 이르러 자신이 그리스도요 붓다라는 자각에 이른다. 그는 2000년 만에 그 척박한 사막의 토양에서 샤론의 한 송이 꽃(Rose of Sharon)으로 피어났다. 예수는 공생애 첫 성(聲)이 **때가 찼고 하나님 나라가 가까웠으니 회개하고 복음을 믿으라**였다. 그러나 애석타! 아직도 때가 안 되었나? 솟아오르는 한 송이 꽃봉오리를 싹둑 잘라 버린 것이다. 팔레스타인 이 땅도 역시 아직 자신이 그리스도요 붓다라는 말을 수용한 준비가 안 된 것이다. 인간 영성 의식의 발달은 이렇게도 더뎌야만 하는가? 이번에는 그의 가르침을 의도적으로 왜곡시켜 버린 것이다. 예수는 분리를 허물어 와해시키려고 왔는데 그 일을 위해 온 사람을 하나님의 독생자라고 승격시키고 분리 지점에 그를 다시 끼워 넣어 오히려 그 절단을 고착시킨 것이다. 결국 분리의 와해는 다시 원점으로 돌아가게 되는 결과를 가져오게 되었다.

어하튼 그 당시 세상이 바뀌게 뇌자 그간 하나님과 하나님의 백성 사이에서 중재자로서의 귀한 신분으로 대접받던 제사장을 비롯한 서기관 등 종교지도자들은 하루아침에 직위 해제되고 직장을 잃을지도 모르는 위기로 내몰리게 되었다. 허다한 무리가 예수의 가르침을 따르며 그 세력이 커가자 위기는 증폭되었다. 남의 밥줄을 끊어 놓는데 어찌 보고만 있겠는가? 사건의 전개상 예수는 죽음이 필연이었다. 이유는 만들면 되는 것이다. 권력은 그들의 손에 있다. 무엇이 문제가 되겠는가? 예수를 마음껏 조롱하며 가시면류관(하나님의 상징)을 씌워 십자가에 못 박았던 것이다. 죄목은 인간으로서 감히 하나님과 같다는 것이다. 참람하다는 것(神聖冒瀆罪)이 공소(公訴) 내용이다.

61 대제사장이 다시 물어 가로되 네가 찬송 받을 자의 아들 그리스도냐
62 예수께서 이르시되 내가 그니라……
63 대제사장이 자기 옷을 찢으며 가로되 우리가 어찌 더 증인을 요구하리요
64 **그 참람한 말**을 너희가 들었도다 너희는 어떻게 생각하느뇨 하니 저희가 다 예수를 사형에 해당한 자로 정죄하고
65 혹은 그에게 침을 뱉으며 그의 얼굴을 가리우고 주먹으로 치며 가로되 선지자 노릇을 하라 하고 하속들은 손바닥으로 치더라[74]

예수가 죽자 예수를 따르던 사람들은 구심점(求心點)을 잃었다. 뿔뿔이 흩어지고 세력을 규합할 기구(機構)도 없다. 예수가 12명의 사도를 기르셨지만 종교 단체를 구성하여 자기의 주장을 펼칠 수단을 마련하려는 의도는 없었다. 진리(네가 그리스도다)가 너희를 자유케 하리라는 말씀대로 진리의 선포에만 힘쓰셨지 추종자 수효를 늘려 종교 세력을 키울 의도가 전혀 없으셨다. 만일 그러셨다면 예수는 복음이 전파되는 곳곳마다 교회를 세웠을 것이다. 다만 자기가 전하는 방식으로 기쁜 소식이 전해지기를 기대하신 것으로 보인다. 제자를 둘씩 짝 지워 보낸 것이 선교전략이라면 전략이다.

열두 제자를 부르사 둘씩 둘씩 보내시며 더러운 귀신을 제어하는 권세를 주시고[75]

전해야 할 소식이 복잡한 것도 아니다. 모든 존재가 그리스도라는 간단한 소식이다. 이것을 전하기 위해서 종교 단체를 구성할 필요성은 없어 보인다. 생각해 보라. 예수가 죽기 전 제자들을 보내어 전한 복음의 내용은 무엇이었을까? 이때는 예수가 십자가에서 온 세상 죄를 지고 죽기 전이다. 그러므로 대속으로 구원받는 정통파 기독교 사도 바울의 복음을 전하였다고 주장한다면 그것이 가능한 일이겠는가? 그것은 불가능한 넌센스다. 그러한 복음은 이 세상에 아직 태어나지도 않았기 때문이다.

이러한 예수의 죽음 이후의 제자들과 예수에게 감화를 받은 사람들은 서로 만나 집회를 가졌을 것이다. 자연히 유태교의 제사장 그룹과 비슷한 새 종교지도자들을 중심으로 초대교회가 생성되었다. 그들 중 리더 격인 사도들이 교회를 이끌던 1세기 무렵부터 베드로, 바울과 같은 사도와 선지자들이 회중을 순회하고 다녔다. 따라서 일치된 신학도 없었고 **매우 다양한 견해를 갖는 집단**들로 나뉘어 있었다. 물론 이 과도기적 상황에서 신앙의 지침이 될 성경이 기록되기 시작하였다. 성서 연구자들은 기원후 70년 무렵 첫 번째 복음서 마가복음이 먼저 만들어지고, 이후에 이를 바탕으로 마태복음과 누가복음이 만들어졌다고 추측한다. 복음서 기록 이전에 사도 바울의 서신이 기록되었다 한다. 초기 기독교는 특별한 교단이나 교리가 없는 상황이었기 때문에 **다양한 관점에서 예수의 생애와 가르침이 기록되었다.** 공관 복음서외는 달리 영성을 강조한 요한복음이나 정경으로 채택되지 않은 도마복음은 영지주의의 영향을 받아 제작되었다고 한다.

여기서 필자가 주목하는 부분은 공관복음은 성경 기자들부터 예수의 가르침이 유태교와는 근본 패러다임이 다르다는 인식하에 기록되었어야 마땅했다는 것이다. 그러나 오히려 구약 성경에 의한 인준(認准) 내지는 승인(承認)의 심리적 안주(安住)를 벗어나지 못한 것이 안타까울 뿐이다. 예수의 가르침은 새 술은 새 부대에 담으라고 말씀하지 않으셨던가?

새 포도주를 낡은 가죽 부대에 넣는 자가 없나니 만일 그렇게 하면 새 포도주가 부대를 터뜨려 포도주와 부대를 버리게 되리라 오직 새 포도주는 새 부대에 넣느니라 하시니라[76]

상기 예수의 가르침은 어디에 처박아 두었나? 예수 가르침의 새 포도주는 낡은 유태교 가죽 부대에 넣어지게 되었다. 오늘날도 신구약 패러다임의 엄청난 차이에 대한 통찰이 부족한 목사를 비롯한 종교지도자들은 신구약을 넘나들며 신·구약 칵테일(cocktail) 포도주를 신도들에게 선사하고 있다. 나도 그렇게 교육받고 자랐으니까 더욱 말문이 막힌다.

그러나 역사는 항상 가느다란 진리의 명맥을 완전히 끊어 놓지는 않는가 보다. 다른 각도에서 예수를 기록한 내용들이 발견되었다. 여기서 먼저 신약 성경의 형성 배경을 살펴본 후, 영지주의의 출현과 교권세력의 부상에 대해서 고찰하고자 한다.

신역성경의 형성배경

전술한 대로 기원 후 1세기 중·후반기 히브리 종교의 과도기에 신약 성경이 기록되었다. 기원후 70년 무렵 마가복음이 제일 먼저 만들어진 것이라면 예수의 공생애 33년을 제하고 예수 사후 삼사십년 이후에 기록된 셈이다. 30~40년 이후의 기록이라! 신약 성경은 그렇게 기록된 책이다.

예수를 따르는 사람들의 집단은 예수를 직접 목도한 사람들과 입소문에 의해 전해들은 사람들이 뒤섞인 매우 다양한 생태계를 이루고 있었다. 예수의 가르침과 행적에 관해서는 관점에 따라서 다양한 견해차를 보이는 것은 어쩔 수 없는 것이었다. 왜냐하면 오늘날 핸드폰같이 신박한 통신수단이 없던 시대에 믿을 만한 통신수단으로 입소문에 의지할 수밖에 없었을 것이다. 입소문이라는 것이 원래 사실과는 조금씩 달라지기 마련이고 과장, 윤색, 왜곡은 정도의 차이는 있겠으나 그것을 완전히 피하기는 어려운 일이다. 더구나 그 소문이 삼사십년 전의 일이었다면 말이다. 신약 성경 기록이 얼마나 진실에 가까울 것인지는 각자의 판단에 맡길 수밖에 없다. 성경이라고 너무 문자적으로 경직된 사고에 함몰되지는 않는 게 나을 것 같다.

　한 가지 분명한 것은 우리가 그동안 전부로 알고 있는 신약과는 좀 차이가 나는 문서가 1945년 이집트의 나그함마디에서 발견되었으니 이것이 곧 영지주의 문서다. 천우신조(天佑神助)다. 그렇게 말살하려던 문서가 사막의 동굴에서 근 2000년간 잠자다가 바깥세상의 빛을 보게 된 것이다. 여러 가지 각도에서 기록한 경외 문서임이 알려지게 되었다. 그런데 이 영지주의 문서 중 요한복음을 제외하고는 정경(正經)에서 싹 제외가 되었다는 사실이다. 이러한 정경이 굳어지게 된 것은 여러 문서 중에서 종교 지도자들의 손에 의해서 선택적으로 채택되었기 때문이다. 그러므로 우리는 이 사람들의 구미(口味)에 맞는 성경만을 볼 수밖에 없게 된 것이다. 여기에 어떠한 음모나 계략이 숨어있다면 어떨 것인가? 예수의 전하고자 한 진의(眞意)와는 동떨어진 이 사람들이 깆고 있는 관념의 필터(filter)를 거친 것만 보아야 했던 것이다. 필자는 여기서 영지주의 문서에 주목한다. 왜냐하면 예수의 인간과 하나님의 소통관계에 입각한 시각에서 보면 바로 이 영지주의 문서야말로 예수의 가르침에 보다 근접하기 때문이다.

영지주의(靈智主義, Gnosticism)와 교권세력의 대두

영지주의가 정통파 기독교에서 퇴출된 배경을 살펴보면 정통파 기독교가 어떤 종교 세력이었고 또한 어떻게 그 세력이 커 가는지에 대한 실마리를 제공해 준다. 우리가 오늘날 도마복음 하나만 보더라도 왜 이러한 문서가 성경에서 빠지게 되었는지 의아해하지 않을 수 없다. 영지주의 문서가 작성될 당시의 시대 상황은 기원전 4세기에 알렉산더 대왕의 정복 이후 그리스 문화가 중동, 이집트, 심지어 인도의 일부 지역까지 영향을 미쳤던 헬레니즘(Hellenism)의 시기로, 문화, 예술, 철학, 과학 등 다양한 분야에서 그리스의 영향력이 확산된 시기였다. 영지주의는 1세기 후반에 이러한 문화 배경에서 유대교와 초기 기독교와 엮이며 시작된 종교적 사상 및 체계를 말한다. 교회의 정통 가르침, 전통, 권위에 대항한 개인적인 영적 지식을 강조한 다양한 집단을 두고 영지주의자라고 칭한다. 육체적 존재를 결함이 있거나 악한 것으로 본 영지주의자들은 구원에 이르는 주요 요소가 신비주의적 혹은 밀교적인 이해 형태 방식으로 최고 신성에 관한 진실된 지식이라 생각하였다. 많은 영지주의 문서는 원죄와 회개라는 개념을 대신하여 환영(幻影)과 깨달음이라는 개념을 다룬다. 영지주의 문서에는 원죄도 십자가와 대속도 부활도 전혀 나타나지 않는다. 여기서 영지주의가 무엇인지 간략하게 살펴보겠다.

* 영지주의는 하느님과의 직접 대면(對面)-어느 면에서는 두렵기까지 한-을 통한 개인 신앙을 중시(重視)하였다. 하느님에게 자신을 있는 그대로 드러내는 두려움을 극복하고 자신과 하느님 사이의 경계를 뛰어넘는 것을 참 신앙으로 받아들였다고 볼 수 있다. 이 책에 나타나 있는 영지는 기독교적 표현으로 성령을 받은 것이라고 할 수 있고, 불교적 표현으로는

깨달음이라고 할 수 있으며, 노자의 도(道)와 같은 것이라도 볼 수 있다. 또한 예수님께서는 자신 밖에 있는 외적 대상으로서의 하느님이 아니라 마음속에 있는 신성(神性)을 찾으라고 하시며, 이것은 요한복음의 '천국은 마음속에 있다'는 구절과 일맥상통한다. 이 내용은 또한 불성(佛性)이 마음속에 있으니 그것을 등불 삼아 진리를 찾아가라는 부처님의 말씀과 너무나 흡사하여, 진리는 하나일 수밖에 없다는 생각을 더욱 강렬하게 만든다.[77]

옮긴이의 글이지만 영지주의를 짤막하게 잘 표현해 주고 있다. 전술한 바와 같이 인간과 하나님의 소통관계에 입각한 시각에서 상기 표현들은 정곡(正鵠)을 찌르고 있다. '하느님은 마음속의 신성'. '영지주의는 (내 안의) 하느님과의 직접 대면(對面)'-이것이 예수가 세상에 임한 이유가 아닌가? 초기 기독교에 이러한 갈래가 있었다는 것에서 기독교가 처음부터 전부 왜곡(歪曲)되지는 않았음을 알 수 있다. 영지주의를 보다 이해하기 위해「성서 밖의 예수(*The Gnostic Gospels*)[78]」의 몇 구절 더 인용하기로 한다.

* 영지(靈智)는 근본적으로 이성적인 지식이 아니다. 그리스어에서는 과학적 지식 또는 반성적(反省的)인 지식("그는 수학을 안다")과 관찰이나 경험에 의해 하는 것("그는 나를 안다")이 구별되며 후자가 '영지'이다. 영지주의 교인들이 이 용어를 사용할 때, '영지'에는 직관적(直觀的)인 과정에 의해 자신을 아는 것이 포함되므로 우리는 이를 '통찰(洞察, insight)'이라고 번역할 수도 있다. 그리고 그들은 주장하기를 자신을 안다는 것은 인간의 본성(nature)과 운명(destiny)을 아는 것이라 했다.[79]

* 영지주의 교인은 다음을 이해하게 된 사람을 뜻한다. 우리가 누구였

고, 우리가 무엇이 되었는지, 우리가 어디에 있었고… 어디를 향해 서둘러 가고 있는지, 우리가 무엇으로부터 해방되고 있는지, 탄생이란 무엇이고, 다시 태어남(rebirth)이란 무엇인지.

* 가장 깊은 수준에서 자신을 안다는 것은 동시에 하느님을 안다는 것과 같으며, 이것이 '영지'의 비밀이다.

* 하느님이나 하느님의 창조물(創造物), 또한 그와 비슷한 종류의 것들을 찾지 말아라. 너 자신을 출발점으로 삼아 그를 찾아라. 나의 하느님, 나의 마음, 나의 사고(思考), 나의 영혼, 나의 육체라고 말하고, 그 자신의 모든 것들을 만드는 네 자신 속에 있는 그가 누구인지 알아라. 슬픔, 기쁨, 사랑, 증오의 … 근원들을 알아라. 네가 이러한 것들을 주의 깊게 살펴보면, 너는 그를 네 자신 안에서 발견할 것이다.

* 정통파 유태인들과 기독교인들은, 창조주와 인류 사이에는 깊게 갈라진 틈이 있으며 하느님은 완전히 다른 존재하고 주장한다. 그러나 영지주의 복음서들을 쓴 영지주의 교인들의 일부는 이를 부인하면서, 자기를 아는 것이 하느님을 아는 것이며, 자아(自我, the self)와 신성(神性, the devine)은 동일하고 말한다.

* '살아 계신 예수'는, 신약성서의 예수와는 달리 죄와 회개에 대하여서가 아니라 허상(虛像, illusion)과 깨달음[覺, enlightenment]에 대하여 말하고 있다. 그는 우리들을 죄로부터 구원하기 위해서 온 것이 아니라, 영적인 깨달음에 이르는 길을 열어 주는 인도자로서 온 것이다. 그러나 제자가 깨달음에 이를 때, 예수는 더 이상 영적 스승으로서의 역할을 하지

않으며, 그 둘은 동등(同等)하게 되거나 일체화(一體化)되기까지 한다.

   * 영지주의 「도마 복음서」에는, 도마가 그(獨生子, 필자 삽입)를 인식하자마자 예수는 그에게 그들의 존재와 똑같은 근원(source)으로부터 왔다고 말한 것으로 기록되어 있다.
   예수께서 말씀하셨다. "나는 너의 스승이 아니다. 왜냐하면 너는 내가 나누어 준 부글거리는 샘물을 마시고 취했기 때문이다. … 나의 입으로부터 나오는 것을 마시는 사람은 나와 같이 될 것이다. 나 자신은 그가 될 것이며, 숨겨진 것들이 그에게 드러날 것이다."[80]

   상기 영지주의를 표현한 인용문은 필자가 주장하는 예수의 진정한 가르침과 일치하지 않는가? 예수의 진의(眞意)를 가장 잘 알아챈 예수의 제자 그룹으로 보인다. 앞 절에서 새 술은 새 부대에 담지 못한 것을 두고 개탄했는데 여기 영지주의 문서가 바로 그러한 입장에 부합하는 문서였다. 그러면 그렇지 어찌 진실을 가릴 수 있겠는가? 그런데 진리를 목말라 하는 구도자라면 그들이 누구이기에 이러한 영지주의를 잔혹하게 말살했을까? 그것도 이단이란 굴레를 씌워서? 그 수법이 예수를 참람하다고 십자가에 못 박아 죽인 적의 수법을 역설적(irony)으로 그대로 본받고 있다. 예수가 유태교라는 외부 세력에 의해서 죽었다면 영지주의는 같은 기독교 내부 갈래 세력에 의해서 말살되었다는 것이다. 이 다툼에서 필자가 느끼는 것은 권력에 대한 의구심을 떨칠 수 없다. 그 권력 투쟁은 종교라 해서 예외가 없으며 정치권과 다를 바 없다는 엄혹함이다. 이제 겨우 예수가 와서 연하게 솟아나는 진리의 새순이 꽃을 피우기 시작했는데 진리는 이렇게도 자라나기 어렵단 말인가? 영지주의 문서에는 기존의 공관복음과는 대조적으로 대속도 부활도 없다. 뭐가 이렇게 차이 나는가? 이제 이러한 영지주의의 씨를 말려 영지주의 문서를 근 2000년간 동굴에 가두어 놓게 만들은 막강한 힘을 가진 세력에 대해서 생각하지 않을 수 없다.

문자주의 그리스도교가 로마 제국의 종교가 되자, 문자주의자들은 그들 특유의 견해를 강화시키는 한편, "이단"을 잔혹하게 말살했다. 그래서 그리스도교의 전통 역사는 문자주의자와 영지주의자 간의 파벌 싸움에서 이긴 자의 입장에서만 기술되었다.[81]

모든 진리 주장은 따라서 폭력성을 띠기 쉽다. 예수는 진리가 우리를 자유롭게 한다고 했지만, 진리란 자칫하면 위험하다. 진리에 대한 확신이 지나치면 자유는커녕 진리의 이름으로 타인에 대한 폭력을 부추기고 정당화하기 때문이다.[82]

AD 312년에 니케아 종교회의에서 영지주의 계통의 복음서들이 이단으로 배제된 것은 영지주의가 인간의 하나님과의 소통에 대해서 **하나님과 직접적인 내적 소통을 가르치고**, 모든 인간을 자신 예수와 마찬가지로 동등한 하나님의 자녀임을 가르치고 있어 권위적(權威的)인 계급(hierarchy)이나 주교(主教, bishop)와 같은 중개자가 필요 없어지기 때문이다. 그러므로 이러한 사람들은 신과 인간의 차이를 강조하고 그 분리를 확실하게 해두려는 것이다. 그래야 자신들의 입지(立地)가 보장되고 하나님을 등에 업고 신자들을 다스릴 수가 있다. 나아가 중생을 억압하는 도구로 악용할 수도 있는 것이다. 그리스도교가 정치적으로 로마에서 인정받게 된 후의 역사를 살펴보면 이를 잘 알 수 있다. 이러한 인간 위상의 격하를 달성한 정통파 기독교는 정치권력과 연계되었다. 로마제국 통치의 기반에 이롭지 못한 기독교 사상은 이단이라는 이름으로 척결(剔抉)하는

데 기독교가 앞장서게 된 것이다. 시작된 지 얼마 안 되어 기독교가 권력의 종교가 되었다는 것은 기독교의 세속화(世俗化)를 의미한다. 이렇게 인간과 하나님의 본질적 차이를 극대화 내지는 심화(분리적 사유)하는 것은 결국 정치적 종교적 횡포를 가져온다는 것을 중세 암흑의 역사가 보여주고 있다.

예수는 정통파 기독교인이 아니다

예수는 유태교에서 종교지도자들의 폐단과 횡포를 너무나 잘 통찰하고 있었기 때문에 혁명적인 복음을 가르치셨던 것이다. 이 당시 구축되어 오늘날까지 전해져 오는 정통파 기독교의 모습은 예수가 생각한 형태는 결코 아닌 것으로 보인다. 파벌 싸움에서 이긴 자의 견해가 전적으로 타당하다고는 볼 수 없는 것이다. 이때는 이미 인간과 하나님 사이의 틈새시장에 신흥 정통파 기독교 세력이 막강한 힘을 가지고 있었고 이후 로마제국과 결탁하여 그 위세는 후일 국왕을 능가하는 자리에 까지 나아갔다. 예수 생존 당시 기존 종교 세력들에 대한 비판적 입장은 예수가 결코 어떠한 종교적 단체를 만들지 않았던 사실에서도 찾아볼 수 있다.

사도 바울은 교회를 결성한 대표적 지도자다. 그의 서한들에 의해 구축된 신학사상은 본래의 예수의 가르침과는 거리가 있는 것이 발견된다.[83]

바울은 그의 서신에서 예수의 직접적인 가르침의 한 글자도 선날하지 않았고, 단 한 가지 비유의 말씀도 말하지 않는다. 대신 예수의 가르침에 대한 자신의 개인적 이해(혹은 오해)에 기초한 자기 자신의 철학을 건립한다.[84]

물론 바울의 서한 중에도 복음서와 마찬가지로 다수의 위작(僞作)이 첨가된 부분이 알려지고 있지만, 바울부터가 예수 가르침의 진의와 교회를 세우지 않은 예수의 참뜻에 대한 이해가 부족했다고 생각된다. 예수는 유태교에서 나왔지만 유태교인이 아니다. 또한 예수의 진면목과 가르침은 정통파 기독교와는 다르다. 예수를 친견하지도 못한 바울은 예수의 십자가 사건을 기초로 대속과 부활의 정통파 기독교 교회를 세웠다. 정통파 기독교는 예수의 진의와는 멀리 떨어져 있다. 예수는 정통파 기독교인이 아닌 것이다.

　브레데에 의하면 예수가 유대 종교로부터 떨어져 있는 것보다 바울이 예수로부터 더 멀리 떨어져 있다.[85]

　초대교회 이후 교황으로부터 위계질서를 두는 가톨릭교회가 인간과 신의 소통방법에 준해서 성경을 보는 시각을 가졌더라면 불행한 과거 교회사는 달랐을 것이다.
　영지주의와 정통파 기독교의 비교 차트를 보면서 정통파 기독교가 특히 주장하는 몇 가지 교의(教義, dogma)가 왜 그렇게 강조되는지 그 이유를 깨닫게 되었다. 정통파 기독교는 영지주의와 교의상 대척점(對蹠點)에 있었기 때문에 그들을 말살하기 위해 영지주의와 차별화 전략을 강구하지 않을 수 없었을 것이다. 가르침 자체를 놓고 보면 영지주의의 주장이 예수의 가르침에 부합하고 고준(高峻)하였지만 아직 수준 낮은 대중에게는 어렵게 느껴질 수밖에 없었을 것이라고 추정할 뿐이다. 그러므로 정통파 기독교는 예수의 진의를 왜곡 윤색함으로써 대중을 오히려 쉽게 설득하고 내편으로 끌어들일 가능성이 높다. 그러면 하나씩 양 진영의 교의를 살펴보자.

* 영지주의는 헬레니즘(Platon)의 영향으로 물질(육신 포함)은 구원에 이르는 길에 놓여 있는 장애물이라고 보는 경향성을 가졌다. 이에 비해 정통파 기독교는 몸이 다시 사는 부활을 강조하고 원죄와 대속의 교리를 내세워 나이브한 대중의 지지를 받는데 앞설 수 있었을 것이다.

* 또한 영지주의는 상징들과 "비밀한" 의미들로 가득 찬 신화적이고 시적인 글들로 신학적 교의들을 우화적으로 표명하는 것을 특히 선호하였다. 그러나 정통파 기독교는 성경에 나타나는 것과 같은 명확한 진술들을 통해 신학적 교의들을 표명하였다. 여기서 문자주의(文字主義)가 태동이 되고 오늘날까지 이견(異見)을 제압하는 병기로 그 위세를 떨치고 있다.

* 정통파 기독교는 창조주와 피조물 간에는 근본적인 차이가 있음을 강조하였다. 그래야 틈새시장에서 자신들의 권위를 지키고 수익을 올릴 수 있다.

* 영지주의는 진정한 자아는 빛의 스파크인데 신적인 상태로부터 실락하여 물질성에 묶여 있는 상태라고 하였다. 이는 헬레니즘 문명의 영향이라고 추정된다.

* 정통파 기독교는 피조물과 하느님을 분리시키는 것은 "죄"이며 되돌아가는 길은 회개라고 가르쳤다. 근본적으로 인간과 하나님은 분리된 적이 없다. 날 때부터 인간은 신성을 가슴에 품고 태어난다. 그러므로 죄 때문에 분리되었다고 분리를 정당화하여야만 예수를 독생자로 만들어 그만이 대속할 수 있다고 할 수 있다. 이러한 전략은 여타의 모든 통로를 차단하고 종교 틈새시장의 독점 전매권 장악이 가능해진다.

* 영지주의는 인간은 환영으로 인해 고통받고 있는 상태인데 깨달음을 통해서만 고통받는 상태로부터 구원된다고 믿었다. 즉 깨달음을 통하여 의식이 업그레이드된다는 당연하고도 바른 말인데, 이에 반해 정통파 기독교는 아주 쉬운 대중적인 방안(方案)을 만들었다. 의식의 변화보다는 특수 신분인 하나님의 독생자인 예수에게 세상의 모든 죄를 지게 만들고 나의 죄값도 거기서 선(先) 지불(支拂)되었음을 믿는 간단한 방식을 선택하였다. 자기 십자가를 지지 않아도 되는 대중(大衆)이 선호(選好)할 만한 힘 안 드는 방식이다.

* 정통파 기독교인들에게 예수는 구세주 또는 구원자였다. 이것은 예수를 아주 지극히 높이는 방식인데 예수의 뜻과는 아무 상관이 없는 찬사 뒤에 숨겨둔 비수를 꽂는 방식이다. 교묘하게 예수의 의도를 와해시키는 전략이다.

* 영지주의자들에게 예수는 진리를 드러내 보여 주는 계시자였다. 맞는 말이다. 그의 공생에 첫 성이 나를 믿으라가 아니라 내가 선포하는 복음을 믿으라는 것이었다. 복음은 복된 말로서, '너희가 그리스도다'라는 뜻이다.

* 정통파 기독교는 "그리스도"는 실락한 자아를 완전히 초월한 주님이며 하느님의 아들이라는 개념을 선호하였다. 저들은 그리스도와 나 사이에 선긋기를 선호한다. 그렇게 하나님이 되기가 싫은 것인가 아니면 두려운 것인가? 이는 겸손을 가장한 반역일 것이다.

* 영지주의자는 자아의 내부에서 '말씀'을 들을 때 그 사람에게 비로소

각성되는 "살아 있는 예수"에 관심을 기울였다. 죽으면 죽으리라는 각오로 담대히 하나님 앞에 맞서라. 야곱이 하나님과 싸워 이겨 이스라엘이 되었던 것처럼.

24 야곱은 홀로 남았더니 어떤 사람이 날이 새도록 야곱과 씨름하다가
25 그 사람이 자기가 야곱을 이기지 못함을 보고 야곱의 환도뼈를 치매 야곱의 환도뼈가 그 사람과 씨름할 때에 위골되었더라
26 그 사람이 가로되 날이 새려하니 나로 가게 하라 야곱이 가로되 당신이 내게 축복하지 아니하면 가게 하지 아니하겠나이다
27 그 사람이 그에게 이르되 네 이름이 무엇이냐 그가 가로되 야곱이니이다
28 그 사람이 가로되 네 이름을 다시는 야곱이라 부를 것이 아니요 이스라엘이라 부를 것이니 이는 네가 하나님과 사람으로 더불어 겨루어 이기었음이니라[86]

어리석은 일이지만 지나간 교회사를 한번 가정한다면 그때 영지주의가 정통파 기독교와 싸워 승리했더라면 대속도 부활도 박해도 없었을 것이라고 추정해 본다.

*[불이(不一而不二)의 관점(觀點)] : 인간과 신을 분리하지 않으려는 관점

이미 전술한 불일(不一, 하나가 아니다)의 입장에 대해서 이와 상반되는 불이(不二, 둘이 아니다) 혹은 불일이불이(不一而不二, 하나도 아니고 둘도 아니다)의 입장을 요약하고자 한다. 불이 혹은 불일이불이의 입장은 물리학에서 빛의 성질에 대해서 파동(波動)과 입자(粒子)의 관계를 서술

하는 방식과 동일한 원리라면 보다 쉽게 이해하리라고 생각한다.

너희는 세상의 빛이라 산위에 있는 동네가 숨기우지 못할 것이요[87]

예수의 말씀으로 이 가르침은 빛의 물리학적 성질 즉 파동과 입자를 서술하는 방식을 염두에 둔 것은 아니었겠지만, 인간은 빛과 같이 파동이면서 입자인 것처럼(혹은 입자도 아니고 파동도 아닌 것처럼), 인간이자 신으로서(혹은 인간도 아니고 신도 아닌 것처럼) 양자(兩者)가 분리되지 않는 정체성을 성경은 정확히 표현하고 있다.

결론적으로 신과 인간의 관계는 궁극적으로는 완전히 분리되지(다르지) 않다는 입장이다. 역사적으로 보면 기저학문(基底學問)인 수학이나, 고전 물리학에서도 사물을 분리적, 실체적 혹은 결정론적 관점에서 보는 것이 진리로 보편화되어 왔다. 그러나 막스 플랑크에 의하여 양자물리학이 시작되면서 수학에서는 괴델의 불완전성 정리(Gödel's incompleteness theorems), 물리학에서는 하이젠베르크의 불확정성 원리(不確定性原理, Heigenberg's uncertainty principle), 아인슈타인의 상대성 원리(Einstein's theory of relativity)에서 분명히 밝혀진 것은 결정론적 사고의 한계였다. 자연의 근저인 물성(物性)에서부터 인간의 사유방식에 대한 근본적 오류가 밝혀진 것이다. 이와 마찬가지로 종교에서도 똑같이 신과 인간을 완전히 독립된 entity로 본 과거 종교사에서 수많은 인류의 고통과 아픔을 가져왔던 것이다. 그러나 인지의 발달은 점점 더 진실에 가깝게 눈을 뜨게 되었다. 이제 과거 지혜의 결핍에 따른 불행을 벗어나야 한다. 각성된 눈으로 성경을 보면 예수가 진정 우리에게 가르치려 했던 것이 무엇이었는지를 깨닫게 될 것이다. 성경에 기록된 여러 표현에서 그 미묘한 인간의 신과의 관계성의 표현을 볼 수 있는바 그 속뜻은 바로 불이(不二, 不一而

不二)임을 끌어낼 수 있기 때문이다. 성경에는 엄연히 인간이 신임을 표현하는 여러 구절이 있다는 사실을 주목해야 한다.

내가 말하기를 너희는 다 지존자의 아들들이라 하였으나 범인같이 죽으며[88]

하나님은 인간을 자신의 아들로서 신적인 존재로 창조하셨지만 인간 스스로가 그렇게 고귀한 신분임을 망각한 채 범인(凡人)으로 알고 살다 죽는다는 것이다. 이것은 부모의 입장인 하나님의 편에서 본다면 애석하기 짝이 없는 아픔이 아닐 수 없다. 예수는 이 말씀을 예로 들면서 자신을 공격하는 자들의 입을 막으신 기록이 신약 성경에도 발견된다.

33 …네가 사람이 되어 자칭 하나님이라 함이로라
34 예수께서 가라사대 너희 율법에 기록한바 내가 너희를 신이라 하였노라 하지 아니하였느냐
35 성경은 폐하지 못하나니 하나님의 말씀을 받은 사람들을 신이라 하셨거든[89]

또한 '아브라함보다 나기 전부터 있느니'라는 표현이다.

57 유대인들이 가로되 네가 아직 오십도 못되었는데 아브라함을 보았느냐
58 예수께서 가라사대 진실로 진실로 너희에게 이르노니 아브라함이 나기 전부터 내가 있느니라[90]

상기 표현에서 예수는 하나님과 자신이 둘이 아님(不二)의 입장을 선포하시는 것이며 이는 예수를 비난하던 자들과는 달리 자신을 육신에 국한된 존재로 인식하고 있지 않다는 것을 드러낸 것이다. 그러나 인간과 신을 완전히 분리된 입장에서 인간을 보는 전통에 익숙한 유태인들에게 있어서 스스로가 하나님이라는 예수의 선포는 불경스럽기 짝이 없는 신성모독으로 보지 않을 수 없었다. 이 일로 인해 결국 예수는 십자가 형벌을 받게 되는 것을 볼 수 있다.

예수님은 하느님과 자신을 하나로 만들었고, 그렇게 하느님과 하나가 되는 것을 하느님의 일을 하는 데에 있어 이상한 것으로 생각하거나 신성에 대한 도전이라 생각하지 않았습니다.[91]

또한 안식일이 하나님을 대변하는 율법(하나님)을 위하여 있는 것이 아니고 사람(인자)을 위한 것이라는 표현이 있다. 즉 자신은 **'성전보다 더 큰 이가 여기 있느니라'**[92]고 하시면서 **'인자는 안식일의 주인이니라'**는 표현이 그것이다. 하나님이 거하시는 성전보다 자신이 더 크다고 선포하고 있을 뿐 아니라, 자신이 바로 안식일의 주인이라는 것이다. 안식일에 대한 전통적 의미는 신의 명령으로서 제정된 것이므로 이는 곧 신의 뜻이고 명령이다. 그러므로 이를 어기는 것은 신을 거역하는 것이 되는 것이다. 이 논쟁은 안식일에 제자들이 시장하여 안식일에 이삭을 잘라먹은 것에서 발단이 된 것이다. 결국 예수는 제자들의 안식일에 자행한 안식일의 율법을 어긴 것을 옹호(擁護)하는 입장에서 자신과 제자들을 동일한 한 무리로 인식하면서 마침내 모든 인간에게 율법을 앞서는 인간의 주체성을 강조한 것이다. 즉, 예수의 가르침은 사람이 안식일의 주인이라는 진정한 의미를 표명함으로써 오히려 인간이 신을 벗어나는 것처럼 보이는 인간 자신의 주체성을 주장하고 있는 것이다. 이러한 안식일의 중요성에 대한 예수의 반박은 그 당시 유대교의 전통적 신앙에 비추어 본다면 그를 십자가형에 처형하기에 충분한 것이었다고 한다.[93] 요한복음에는 하나님과 자신이 다르지 않음을 표현하는 여러 가지 말씀이 기록되어 있으며, 또한 이는 자기 자신 만에 국한된 진실이 아니라 모든 인간에게 동등함을 역설하고 있다. '진리가 너희를 자유케 하리라'[94] 바로 이 구절에서 율법과 신이라는 허울에 속박된 인간 해방을 높이 천명한 것으로 볼 수 있다.

빌립이 가로되 주여 아버지를 우리에게 보여 주옵소서 그리하면 족하겠나이다 예수께서 가라사대 빌립아 내가 이렇게 오래 너희와 함께 있으되 네가 나를 알지 못하느냐 나를 본 자는 아버지를 보았거늘 어찌하여 아버지를 보이라 하느냐[95]

외형으로는 육신을 입고 있으므로 유한한 존재이지만, 내면적으로는 하나님과 동등한 지위와 자유와 가치를 가지는 존재(不二)임을 깊이 자각하고 있었기 때문에 빌립이 예수에게 하나님을 보이라는 요청에 대하여 나를 보았으면 하나님을 본 것이거늘 어찌 다시 하나님을 보이라고 하느냐고 반문하고 계신 것이다. 예수의 가르침에서 하나는 인간의 입장(不一)에서 그리고 다른 하나는 신의 입장(不二) 두 가지 입장(不一而不二)에서 표현되고 있음을 볼 수 있다.

제자가 그 선생보다 높지 못하나 무릇 온전케 된 사는 그 선생과 같으리라[96]

내가 아버지 안에 있고 아버지께서 내 안에 계심을 믿으라 그렇지 못하겠거든 행하는 그 일을 인하여 나를 믿으라 내가 진실로 진실로 너희에게 이르노니 나를 믿는 자는 나의 하는 일도 저도 할 것이요 또한 이보다 큰 것도 하리니[97]

삼위일체의 참된 깊은 뜻은 예수만이 삼위일체가 될 수 있는 것이 아니고, 모든 인간에게 그 가능성이 주어져 있어서 그것이 인간으로서의 이상상이라고 생각됩니다.[98]

여기서 보듯이 예수는 자신 안에 내주하는 하나님(不二)을 인식하고 있으며 그의 능력으로 모든 일을 시행하고 있음을 언급하고 있다. 그리고 이러한 하나님의 내주하심과 그에 따른 능력이 자신만의 국한된 것이 결코 아니며 모든 믿는 자에게 동일한 사실을 일깨우고 있다. 그러므로 정통파 기독교가 오직 한 인간 예수만이 독생자로서 말씀(로고스)이 육신이 되었다는 주장은 터무니없는 것으로 문자주의자들(文字主義者, Literalists)의 배타적 주장(主張)이었음을 알 수 있다. 이렇게 배타적 주장을 하게 된 배경은 정통파 기독교가 사실상 이방 종교와 다를 바 없기 때문에 예수는 이교도의 개념과는 명백히 다른 유일무이한 존재(독생자)가 되지 않으면 안 되었기 때문이다.

그리스도교인의 로고스 개념이 이웃 이교도의 개념과 명백히 다르다는 것을 드러낼 수 있는 유일한 방법은, 나사렛의 한 목수가 실제로 로고스의 화신이며 하느님의 유일한 아들이었다고 배타적으로 주장하는 방법밖에 없었다.[99]

문자주의자들의 주장과는 달리 예수는 자기만이 유일한 하나님의 독생자가 아니라 모든 인간이 스스로의 신적 위상을 자각하고 자기와 같이 모든 사람이 자기 스스로 안에서 하늘에 있는 것이나 땅에 있는 것 모두가 하나로 통일되어 하나님같이 온전하여 지는 것이 진의였다고 생각된다. 여기서 불이(不二)의 입장, 즉 자신이 하나님과 다르지 않다는 사실에 대해서 예수는 자신의 자아를 완전히 비운 모습(空性)에서 그 근거를 제시하고 있다.

내가 아무것도 스스로 할 수 없노라 듣는 대로 심판하노니 나는 나의 원대로 하려하지 않고 나를 보내신 이의 원대로 하려는 고로 내 심판은 의로우니라[100]

44 예수께서 외쳐 가라사대 나를 믿는 자는 나를 믿는 것이 아니요 나를 보내신 이를 믿는 것이며
45 나를 보는 자는 나를 보내신 이를 보는 것이니라[101]

내가 내 자의로 말한 것이 아니요 나를 보내신 아버지께서 나의 말할 것과 이를 것을 친히 명령하여 주셨으니[102]

이러한 표현들은 제법무아라는 **자신의 공성을 확연히 터득한 자리**에서만이 표현 가능하기 때문이다. 무아를 성취한 자리는 곧 하나님과 다르지 않다(不二)는 것을 볼 수 있다.

이러한 모든 표현들은 자신이라는 개아의 공성을 완전히 깨달은 무아(無我)로서 자신이 결코 신과 둘이 아니라 하나임을(不一而不二) 피력하고 있다. 이러한 무아의 성취는 회개하여 예수의 피값(육체의 실체성 중

시)에 의지하는 것이 아니라 물과 성령으로 거듭나서 의식이 변성되어야 가능한 것이다. 예수의 직접 하신 말씀을 보자.

　예수께서 대답하시되 진실로 진실로 네게 이르노니 사람이 물과 성령으로 나지 아니하면 하나님 나라에 들어갈 수 없느니라[103]

　여기 어디에도 하나님 나라에 들어가는 방법으로 죄값을 변제하는 대속이 끼어들 자리는 없다. 아무런 의식의 변성 없이(悔改, 공성의 깨침, 물과 성령으로 거듭남) 지은 죄를 특별한 존재인 하나님의 독생자의 피값으로 대신 갚았으니 무죄라는 믿음의 논리로 구원받아 천국에 들어간다는 문자주의 신학은 결코 예수가 가르친 복음이 아니다.

　이상에서 보듯이 진실은 역동적 실상으로서 중도(中道) 곧 불일이불이(不一而不二)임에도 불구하고 서구의 기저 학문은 물론이고 종교에까지 격절과 분리적 사유를 기반으로 하는 사상이 그 주류세력으로 포진(布陣)되어 왔음을 깨닫게 된다. 즉, 다음과 같이 요약된다.

　수학에서는 **실체적 사유론**
　고전 물리학에서는 **결정론**
　정통파 기독교에서는 **문자주의**(권위주의, 교부) **신학**

　수학과 양자역학에서 각각 실체적 사유론자와 결정론자에 대해서 필자의 전작에서 상술한 바와 같이 이들이 이미 각 분야에서 주류세력으로 만연되어 있는 것을 확인할 수 있었다. 이러한 실상은 정통파 기독교의 형성 과정에서부터 역시 예외가 아니었다. 초기 기독교가 형성될 당시 문자주의와 영지주의의 대결은 철학적인 맥락에서 볼 때 실체적 사유론(根源

實在論)과 영지주의(根源 心性論) 사이의 대결이었다. 단지 정통파 기독교가 유신론의 종교였지만 예수를 독생자로 만드는 과정에서 부활과 그의 피 그리고 몸이 다시 사는 교리를 강조하는 바람에 본의 아니게 오히려 실체적 사유론(唯物論)으로 변질되었음을 깨닫지 못했던 것이다.

제6장

유월절(逾越節)과
연기법(緣起法)

두 종교의 만남

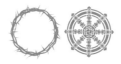

타 종교를 이해하려는 마음

　필자가 기독교와 불교의 차이점이나 동질성에 대하여 관심을 갖게 된 것은 두 종교를 다 거치면서 비교 통찰이 자연히 생기기 시작하였고 이것이 또한 본인에게 절실한 문제임을 인식했기 때문이다. 또한 우리나라의 실정이 겉보기와 달리 내부적으로는 어느 정도 경쟁, 대치 긴장 상태를 피하기는 어려운 것으로 보였다. 한 종교 학자는 오늘날 우리나라의 기독교와 불교라는 양대 종교 세력의 갈등 상황을 다음과 같이 지적하였다.

　유교는 우리 사회에서 거의 대등한 세력을 가지고 있는 불교와 기독교 사이의 완충 역할을 하고 있는지도 모른다. …… 결론적으로 말해 오늘의 불교계와 기독교계-소수의 진보적 기독교 진영을 제외한-의 갈등은 잠재적으로 매우 위험한 수위에 도달했다.[104]

　종교는 인간의 정체성을 결정짓는 으뜸가는 지침이다. 사람이 생을 마칠 때 대부분 그 사람이 속한 종교 의식이 행해지는 것만 보아도 삶과 죽음의 갈림길에서 으레 등장하는 것이 종교다. 인류 최초의 전쟁은 가인이 아벨을 죽인 종교 전쟁이었고 최후의 전쟁 역시 종교 전쟁일 것이라 한다. 인간은 종교적 존재일 수밖에 없으며 자신의 종교를 지키는 것은 자신의 정체성을 지키는 것과 같은 의미다. 이와 같이 종교는 민감한 것이다. 그러니 어느 종교든지 자기 종교의 우월성을 주장하게 되고, 그 결과 타 종교에 대하여 배타적인 자세를 취하기 쉬운 것이다.

그러나 이는 주로 대다수를 차지하는 표층의 신앙인들 사이에서 두드러진 양상이다. 종교의 심층에 이른 경우에는 사적으로 타 종교라 하더라도 심층에 이른 사람과의 대화나 소통이 자기 종교의 표층 신앙인보다 오히려 좋을 수 있다고 한다. 명목상이나 교리상의 차이는 깊은 신앙의 경지에서는 별 문제가 아니고 얼마나 수행이 되었는가가 중요하기 때문이다. 그런 의미에서 종교 간의 대립이나 갈등은 대다수 표층 신앙인 사이의 문제에 불과한지도 모른다.

이에 반하여 타 종교에 대하여 열린 마음으로 접근하는 경우 자기 종교의 취약한 부분을 깨닫게 되고 타 종교의 좋은 점을 배움으로써 영적 성장에 도움이 되는 기회를 만들 수도 있다.

이러한 생각은 필자의 경험에서 나온 것이다. 돌이켜 보면 필자는 오늘날 대부분의 정통파 기독교인들과 마찬가지로 문자주의적 기독교의 세뇌 속에서 자라왔으나 지적 영적 성장은 결국 교회를 벗어날 수밖에 없게 만들었다. 이성적으로 이해가 안 되는 교의(敎義)에 대해서 묻지 마 식 믿음으로 더 이상 내리 억압할 수 없었던 것이다. 반역이지만 어려운 결단이 내려졌다. 정통파 기독교를 떠난 진리 추구는 선(禪)을 혼자 공부하며 결국 공성(空性)의 터득에 다다르게 되었다. 이러한 깨침을 바탕으로 선의 입장에서 기독교의 과거 신앙을 다시 바라보게 되는 이유는 유년기부터 의식에 각인(刻印)되었던 교의(敎義) 중 묻어두고 떠났던 문제들 때문일 것이다. 그리고 그 문제는 나의 숙제였다. 이제 다행히 풀리지 않던 매듭은 거의 다 해소되었다. 내가 떠난 것도 사랑과 존경으로 따랐던 예수 때문이 아니었다. 정통파 기독교를 떠난 정확한 이유는 예수의 참 모습에 교회가 덧씌운 군더더기 때문이었다. 이제 본래 예수의 가르침에 벗어난 정통파 기독교의 왜곡된 교의도 확연히 구별하게 되었다. 이것은 불교를 공부한 덕택이다. 만일 죽을 각오로 정통파 기독교를 그때 떠나지 않았더라면 결코 오늘날과 같이 유연하고 자유로운 시야를 넓히지 못했을 것이다. 예수의 아름다운 모습은 어린 시절 일찍이 나를 구도자의 길로 이끌어 주었다. 이제 교회가 덧씌운 허울 좋은 장식을 예수에게서 벗겨내어 그의 참모습을 되찾아야 한다고 생각한다. 이러한 결과는 불교를 열린 마음으로 공부하였기 때문이다. 여기서 주제넘은 소리 같지만 한 가지 소신을 피력하고 싶다. 정통파 기독교는 깨달음(변성, 회개)에 이르기 위한 공성의 터득에 있어서 불교만큼 지성적으로 철저하지 못하고, 단지 믿음에 의한 구원을 주장한다. 불교도 깨달음을 얻기 위해서 믿음이 꼭 필요한 것이나 깨달음이 목표다. 그러나 이후 깨달음 이후 주체성의 운용에는 기독교만큼 능동적이지 못하다는 점을 지적한다.

유월절과 연기법은 양대 종교의 기본 원리다

상기 제시된 제목인 유월절과 연기법에 대해서 일견 서로 무슨 관계가 있는가?라고 의문을 제기할 수도 있을 것이다. 유월절은 히브리 종교의 것이고 연기법은 불교의 것으로 서로 다른 종교의 이질적인 중심교리로 인식되기 때문이다. 또 한 가지 다른 점은 불교는 인본주의적(人本主義的) 종교이고 히브리 종교는 신본주의적(神本主義的) 종교이다.

이제까지 많은 학자들이 히브리 종교와 불교의 유사성, 동질성 등을 비교 분석하여 왔으나, 그 내밀(內密)한 중심교리에 대한 비교 탐구는 아직까지 부족한 편이다. 이러한 원인은 두 종교가 워낙 진리에 접근하는 방식에서 큰 차이[히브리 종교-감성적(계시적) : 불교-지성적] 때문인지도 모른다. 유월절은 희생을 전제로 한 것이요 그 희생과 피의 정신작용은 지성적이라기보다는 감성을 찌른다. 이에 반해 연기법은 감정개입은 거의 없는 지성적 가르침이다. 이 연기법에서 감성적으로 허무(虛無)와 무상(無常)함을 느끼는 사람도 있고 변화의 긍정적 측면을 보는 사람도 있다. 물론 초기 붓다의 가르침은 무상함 쪽에 무게를 두고 설법하여 집착을 벗어나도록 가르쳤다. 그러나 무상이라는 부정적 측면뿐 아니라 새로움이라는 긍정적 측면이 동시에 존재함을 통찰하게 되었다. 얻으려는 갈애(渴愛)에 있었다면 연기에서 부정적으로 그 무상함을 느끼지만 억압과 고통에 있었다면 연기에서 그 고통을 벗어나는 긍정적인 희망을 볼 수도 있다. 이는 연기법 자체의 문제는 아니다. 연기법을 구사하는 주체적 입장 차에 의해서 양면성이 드러나는 것이다.

두 종교의 발생 환경도 다르다. 히브리 종교는 척박(瘠薄)한 사막에서 피어난 종교다. 물자가 풍부한 여유로운 환경이 결코 아니다. 각박한 환경이니 인심도 메말라 있고 어쩌면 살기 위해서 죽고 죽이는 문화가 보편화되었을 수도 있다. 지성(知性) 보다는 야만(野蠻)과 폭력(暴力)이 더 통하는 의식구조의 사회일 가능성이 더 높다. 인도에서 꽃피운 불교는 농경 사회로 비교적 풍요로웠고 각박하지 않으니 문화나 학문, 종교 등이 발전하기 좋은 토양이었다. 불교가 지성적인 이유가 여기에 있다고 생각한다.

이렇게 다른 토양에서 피어난 두 종교지만 모든 종교의 진정한 가르침은 크게 다를 수 없다는 소신을 바탕으로 히브리 종교의 유월절의 영적 의미를 탐구하기 시작하였다. 유태교와 정통파 기독교의 가장 기초적인 근본 원리는 유월절이다. 물론 예수는 정통파 기독교인이 아니다. 그는 하나님과 소통하기 위해 스스로 희생양이 될 필요도 없었고 소나 희생양을 잡을 필요가 없기 때문이다. 십자가 위에서 부르짖는 예수의 절규를 보라! 이것이 어찌 자기 스스로에 대해서 희생양의 사명을 자각한 사람으로서 하나님을 향한 외침이요 처절한 절규일 수 있겠는가?

제 구시에 예수께서 크게 소리지르시되 엘리 엘리 라마 사박다니 하시니 이를 번역하면 나의 하나님 나의 하나님 어찌하여 나를 버리셨나이까 (why hast thou forsaken me?) 하는 뜻이라[105]

예수는 십자가의 사태를 처음부터 예상하거나 기대하지 않았던 것으로 보인다. 어찌하여 라는 말에 주목하기 바란다. 현금 사태에 대해서 예수는 그 까닭(why, 當爲性)을 찾지 못하고 있지 않는가?

여하튼 유태교와 정통파 기독교는 바로 이 유월절을 기반으로 세워진 종교다. 하나님과 인간사이의 화해와 소통을 위해서는 피의 제사가 선행되어야 하기 때문이다. 유월절은 화해와 소통을 위한 희생의 상징이다. 그러므로 히브리 종교의 기본 원리로 필자는 유월절을 지목하는 것이다. 마찬가지로 불교의 팔만사천 법문도 붓다의 연기법을 기반으로 세워진 것이다.

부처님의 모든 가르침은 연기에 근거를 두고 있다.[106]

연기법은 뒤에서 따로 다룰 것이지만, 이 사실을 부인하는 불교 학자는 없으리라고 본다. 그러므로 유월절과 연기법은 양대 종교의 기본 원리를 대변(代辨)하는 데 손색이 없다.

가시(피)와 아픔을 통해 공성(비움)을 상징하는 유월절

아브라함으로부터 시작된 유태교는 처음부터 갈대아 우르를 떠남(제1차 엑소더스)으로부터 시작된다. 인간이 마음이 안정과 행복을 추구한다면 어느 한곳에 정착하여 뿌리를 내리고 안정된 위치를 고수하라고 가르치는 것은 당연한 일일 것이다. 그럼에도 불구하고 유태교는 살던 곳을 떠남으로부터 시작하는 것부터 의미심장(意味深長)하다. 어디서 이와 비슷한 유례(類例)의 종교를 찾을 수 있는가? 또한 유태교는 종교가 국가의 형성과 맞물려 전개되는바, 그 역사를 보면 근동아시아와, 아프리카의 애굽, 그리고 앗시리아와 바빌론으로의 유수, 다시 팔레스타인으로 복귀, 이어서 나라가 붕괴되면서 디아스포라라는 전 민족이 뿔뿔이 흩어지는 이동하는 역사다. 이스라엘의 역사 아니 유태교는 움직임과 이동의 바탕 위에 세워져 있다.

한편 본 주제에서 다루고자 하는 유월절을 (무교병을 먹으며) 시작으로 아브라함은 모리아 산에서 사랑하는 아들 이삭을 하나님께 바치기 위해 길을 떠나고 모세는 전 백성과 함께 애굽을 떠나 노예 신분에서 해방되고 새 나라를 세우기 위해서 길을 나선다(제2차 엑소더스). 필자는 이러한 떠남과 이동이 나라의 운명과 맞물려 유태교의 내밀한 근본 원리에 닿아 있음을 간파(看破)하였다. 유태교와 이스라엘은 이동과 떠남을 통해 늘 새로운 변혁(變革)과 약속(約束)으로 이행(移行)되는 과정이 반복되고 있다.

유월절은 평범한 종교 행사 중 하나일 수도 있다. 그러나 필자가 보기에 거기에는 유태교뿐 아니라 모든 종교의 본질적 핵심이 상징적으로 내재해 있다고 생각된다. 그 핵심이 불교와 같이 치열한 지성적(知性的) 노작(勞作)에 의하여 직접적으로 표현되는 것이 아니라 유태교는 신화적, 은유적, 혹은 상징적 행사와 그 과정에서 얻게 되는 감성적(感性的) 통찰로 표출된다는 것이 다르다. 이것에 대한 이해가 없으면 양대 종교는 서로 이해하기 어려운 입장에 설 수밖에 없다. 아니 모든 종교 간의 문제도 마찬 가지다. 모든 종교가 현 상태에서 보다 나은 내일을 염원하는 수단이라면 이러한 감춰진 암호(code)를 이해하면 쉽게 서로를 이해하리라고 확신한다. 종교가 수단일 수밖에 없다는 주제에 대해서는 따로 떼어서 고찰하기로 하고, 아브라함이 이삭을 하나님께 바치기 위해 길을 떠나는 장면을 살펴보자.

이동과 떠남의 종교

1 그 일 후에 하나님이 아브라함을 시험하시려고 그를 부르시되 아브라함아 하시니 그가 가로되 내가 여기 있나이다

2 여호와께서 가라사대 네 아들 네 사랑하는 독자 이삭을 데리고 모리아 땅으로 가서 내가 네게 지시하는 한 산 거기서 그를 번제로 드리라

3 아브라함이 아침에 일찌기 일어나 나귀에 안장을 지우고 두 사환과 그 아들 이삭을 데리고 번제에 쓸 나무를 쪼개어 가지고 떠나 하나님의 자기에게 지시하시는 곳으로 가더니[107]

상기 기록은 유태교 믿음의 조상 아브라함이 겪은 유명한 하나님의 시험이다. 이른바 포기와 순종의 표상(表象)으로 잘 알려져 있다. 늦은 나이에 얻어 눈에 넣어도 아프지 않을 사랑하는 독자 이삭을 데리고 모리아 땅으로 가서 내가 네게 지시하는 한 산 거기서 그를 번제로 드리라는 명령이다. 이 암호는 무엇을 가르치려는 것인가? 포기와 순종으로서는 그 의미가 다 전달되지 않는다. 더 내밀한 의미는 무엇인가? 이는 한마디로 말하여 **집착에서 떠나라** 아니 더 나아가서 집착하는 습관을 버리고 멀

리 **떠나라는 것**이다. 이는 불가로 말하면 제행무상(諸行無常)의 가르침이다. 삼법인의 하나에 도달케 하려는 하나님의 교과 과정으로, 예정된 수순이었다. 이 시험을 패스하지 못하면 그는 하나님의 경지에는 이르지 못한다. 다른 말로 믿음의 조상으로서의 자격에 미치지 못하는 것이다. 여기서 이 사건을 반야심경에 비추어서 비교하여 보자.

> 관자재보살(觀自在菩薩) : 관자재보살이
>
> 행심반야바라밀다시(行深般若波羅蜜多時) : 깊은 반야바라밀다를 행할 때
>
> 조견오온개공(照見五蘊皆空) : 오온이 다 공하였음을 비추어 보고
>
> 도(度)일체고액(度一切苦厄) : 모든 고액에서 벗어났다.

관자재보살이 사리자에게 가르치려는 것과 하나님이 아브라함에 가르치려하는 것이 동일하다. 오온이 다 공하였음을 비추어 보고 (자식에 대한 집착 또한 허망한 것임을 깨닫고) 그 집착에서 떠나라는 것이다. 여기서 필자는 **집착(執着)**의 상대어로 **떠남**을 지목한다. 즉 집착으로부터의 이동과 떠남이 유태교의 특징으로서 유감없이 발휘된 사건이다. 여기서 아브라함은 **떠남의 본보기**를 머리와 이론(理論)이 아닌 실천(實踐)으로 보여 주고 있다.

유월절과 무교병

이제 모세의 제2차 엑소더스를 볼 차례이다. 이스라엘은 430년간 애굽의 노예 신분에 있다가 모세가 바로 왕과의 대결에서 승리하여 자기 민족을 자유로 해방시켰고 자유인으로서의 삶을 개척하기 위해 다시 긴 여정

을 **떠났다**. 떠나기 위해서는 애굽에서 지녔던 모든 것을 버리고 새 터전에 이르기 위해 필요한 최소한을 가지고 애굽을 **떠나야 했다**. 여기서도 비록 노예 생활이었지만 그간 거기에서 나름 정든 것을 버려야 하는 것이다. 이 떠남을 결정적으로 이루게 해 준 것은 10대 재앙 중 마지막 재앙인 장자(長者) 재앙(災殃)이었다. 이것이 첫 번째 이스라엘의 유월절이다. 이때 이스라엘 백성만 **죽음을 pass over(유월)했다. 즉 넘어갔기 때문이다**. 출애굽기에 기록된 유월절 예식은 다음과 같다. 먼저 흠 없는 수컷 양을 잡아 그 피를 집 문설주와 인방(引枋)에 바른 뒤 그 양을 살과 내장을 모두 굽고, 무교병(누룩을 넣지 않은 빵)과 쓴 나물을 곁들여 먹는다. 이러한 전통은 애굽을 떠날 채비를 하듯, 신을 신고 허리띠를 두른 뒤 지팡이를 잡고 식사를 하며 식사 후 아침이 될 때까지 집 밖으로 나가지 않는 모습으로 후대에 전해진다. 무교병은 누룩을 넣지 않은 빵이다. 일반적으로 빵을 만들 때 누룩을 넣어 빵을 부풀린다. 누룩(yeast)이 빵에 가스를 발생시켜 빵을 부풀리려면 단시간에 되지 않는다. 인스턴트가 안 된다. 그러나 **급히 떠나려면** 그런 시간적 여유가 없다. 그러니 머뭇거리지 말라(無住)는 뜻으로 무교병을 먹게 한 것이다. 유월절의 떠남은 긴 머무름을 허용하지 않았다. 쓴 나물도 오래 입에 씹어 먹을 음식이 못된다. 신속히 얼른 삼킬 수밖에 없다. 그 양을 살과 내장을 모두 굽는 이유는 떠남 이후에 먹을 양식을 비축하기 위함일 것이다.

여기서 **피와 떠남의 연결 고리**를 보아야 한다. 피의 유월절은 떠남에 진정한 의미가 담겨 있다. 절기를 지키는 풍속에서 보듯이 모든 행동이 **떠남**에 초점(focus)가 맞추어져 있다. 언제든 떠날 **만반의 준비 상태(stand by)**에 머무는 것이다. 여기서 유월절에 담긴 의미를 좀 더 들여다보자.

유월절(逾越節, 영어: Passover)은 페사흐(히브리어: חֶסַפּ) 또는 과월절(過越節), 파스카(그리스어: πάσχα, חֶסַפְּ로부터 유래)는 유대인들이 이집트의 노예 생활로부터 탈출한 사건을 기념한 데서 유래한 날이다. 날짜는 유대력 니산월(1월) 14일 저녁이며 성경의 연간 절기 중 첫 번째 절기이다. 고대 애굽에 내려진 10가지 재앙 중 마지막 재앙인 '장자들의 죽음'으로부터 **넘어갔다**는 데서 유래한 명칭이며, 하나님의 도움으로 재앙에서 구원받았다는 의미를 담고 있다.

유월절은 영어로 Passover이다. 이것은 유태교에서 죽음으로부터 **넘어 갔다(위로 지나갔다)**, 즉 재앙에서 구원받았다는 의미이지만 필자는 여기 pass over가 뜻하는 목표물을 건드리지 않고 위로 지나감 즉 **이동과 떠남으로 표현되는 근본 의미**에 주목한다. 근본 핵심은 **떠남의 역동성 (dynamicity)**이고 여기에 부수되는 것이 **피 흘림**이다. 피는 가시와 희생 제물로 곧바로 연계된다. 이 가시는 길가메시에서 다룬 앞 절에서 이미 보았듯이 신성과도 관련이 있다.

가시(떨기)나무(신성 상징), 희생짐승 → 피 흘림 → 아픔과 고통 → 이동 혹은 떠남[dynamicity]

여기서 확인되는 것은 **아픔이나 고통은 떠남과 결별(訣別)에 수반되는 감정적 소요(所要)**다. 우리가 인생에서 느끼는 모든 괴로움과 아픔은 바로 이 지점의 감정적 소요다. 여기에 히브리 종교 가르침의 진의(眞意)가 있다. 의식의 진보가 이루어짐으로써 이 고통을 없앨 수 있는 열반적정 (涅槃寂靜)에 이르는 길을 보여 주신 이가 붓다이다. 일체개고, 제행무상에 이은 열반적정이다. 열반적정은 제행무상을 깨닫고 여기서 집착을 버리고 머물지 않고(無住) 속히 **떠남**으로써 성취된다. 이스라엘 백성이 무교병을 먹고 속히 떠나듯이.

다음은 이 부분에 대해서 전해지는 선가의 이야기다. 6조 혜능 선사는 출가 전 우연히 나무를 팔고 객점 문밖으로 나오다가 귓전으로 금강경 독송 소리를 듣게 된다. 바로 응무소주이생기심(應**無**所**住**而生其心-마땅히 **머문 바 없이** 그 마음을 낼지니라)함을 한 번 듣고 곧 마음을 깨쳤다 한다. 주저(躊躇)와 집착(執着)으로 머뭇거리지 말고[**無住**] 거기를 **떠난 마음을 내라**는 것이다. 혜능은 출가에 앞서 이미 **머문 바 없음(떠남)**에 수반되는 감정 소요를 처리하는 법을 터득했던 것이다. 물론 이러한 떠남의 근본 종지(宗旨)는 연기법의 역동성에 기반을 두고 있음은 두말할 나위도 없다.

유월절(희생제의)은 유태인의 것만이 아니다

이 유월절에 관하여 한 가지 집고 넘어가야겠다. 유월절 희생제의는 오직 유태인에게만 유니크한 것이 아니고 이교도들의 속죄 의식으로도 널리 유포되어 있다는 사실이다.

그리스도교인들은 예수가 세상의 죄를 대속해서 죽었다고 믿는다. 고대 그리스에는, 특별한 개인을 "희생양"으로 삼는 전통이 있었다. 희생양은 상징적으로 사람들의 죄를 대신해서 도시에서 쫓겨나거나 처형되었다. 그러한 사람은 파르마코스pharmakos라고 불렀다. 파르마코스는 단순히 "마법사"라는 뜻이었다. 그 사람을 처형한 것은 분명히 종교적 행위였다. 처형하기 전에, 비용을 갹출해서 특히 깨끗한 음식으로 배불리 먹였고, 신성한 옷을 입혔고, 신성한 식물로 만든 관을 씌웠다. 그리고 신성한 희생을 통해 도시의 죄가 사면되었다고 믿었다.

오시리스는-디오니소스는 신성한 파르마코스였다. 예수처럼 그는 세상의 죄를 대속하여 죽었다. 파르마코스는 모욕을 당하고, 매질을 당한 후

죽음에 처해졌다.[108]

"그대는 영원히 피를 흘림으로써 우리를 구원했도다."라고 적힌 비문이 있는데, 이것은 예수가 아닌 미트라스에게 바친 비문이다. 그런데 수세기 후 그리스도교인들도 그들의 구원자 신인에게 똑같은 말로 고마움을 표시하게 된다. 한 익명의 고대 이집트 시인은 죄를 대속해서 죽은 후 부활한 구원자 오시리스를 다음과 같이 찬미했는데, 이 찬미의 말은 예수에게도 똑같이 적용될 수 있을 것이다.[109]

상기 인용은 어디서 많이 들어 본 얘기 같지 않은가? 여기서 무엇을 느끼는가? 정통파 기독교의 십자가와 너무 흡사하지 않은가? 이는 분명히 정통파 기독교가 이방 종교(미스테리아)를 그대로 베껴 차용(借用) 도입한 것으로 보인다. 히브리교 고유의 것이 아닌 것이다. 다른 점이 있다면 희생양 예수를 하나님의 아들 독생자(獨生子)로 승격시켜 신과 인간이 소통할 수 있는 모든 길을 차단(遮斷)하고 구원을 정통파 기독교의 것만으로 만든 것이다. 솔직히 모든 중생이 하나님의 창조물(아들) 아닌가? 이 세상에 하나님이 만들지 않은 것이 하나라도 있는가? 나는 예수만 하나님의 아들이 아니라 모든 존재가 다 하나님의 아들들이라고 믿는다. 그런 의미에서 예수의 죽음은 보통 사람의 죽음과 전혀 다를 것이 없다. 여기서 피 흘림 배후의 심리적 원리(셈법)를 살펴보자. 피 흘림의 제의(祭儀)는 어떠한 심리작용의 소산인가?

보상의 원리

율법을 좇아 거의 모든 물건이 피로써 정결케 되나니 피 흘림이 없은즉

사함이 없느니라[110]

  이 히브리서의 저자는 누구인지 확실히 밝혀지지는 않았지만 대개 사도 바울일 것이라고 추정한다. 누구의 저작이든 피 흘림이 없은즉 사함이 없다는 언명을 살펴보자. 의식의 기저에 이러한 생각이 점령하고 있다면 피 흘림의 대속은 구원의 필수불가결(必須不可缺)의 조건이 된다. 그래서 정통파 기독교는 예수 피의 십자가 위에 굳건히 서있다. 그렇다면 눈에는 눈 이에는 이라는 단순 논리가 아니더라도 약간의 실수와 가벼운 죄도 꼭 피를 흘려야(피를 봐야)만 용서되는가? 생각해 보라. 경전에 올리기에는 너무 터무니없이 신경증적 발언이 아닌가? 나는 이 말이 사람들을 독생자 예수 십자가 대속 단 하나의 길로 몰아넣으려는 히브리서 기자의 의도라고 생각한다. 피가 아니더라도 세상에는 허물을 가리고 죄의 용서를 구하는 방법은 널려있다. 이 말에 대하여 죄는 인간 상호 간의 문제일 뿐 아니라 결국 인간과 신 사이의 문제이기 때문에 피의 제사는 하나님과의 소통에서 반드시 필요하다고 반론(反論)을 제기할지 모른다. 하나님과의 거래(소통)에서 피만이 하나님과 교환할 수 있는 유일한 화폐라고 주장할 수 있을 것이다. 그러면 이 문제를 더 깊이 통찰해 보자.

  소통(疏通)의 문법(文法)은 주고받는(give and take) 것이다. 받음에 대하여 주는 것은 정량적 기준에서 이루어지는 것이 일반적 룰(법칙)이다. 물물교환이 가장 손쉬운 그 예이다. 이것이 불가능 한 경우 물물교환 대신 무엇이든 상응하는 만큼의 대가로 보상(報償)을 하면 거래는 성사된다. 그러므로 주고받는 법칙은 보상의 원리와 의미상 동일한 것이다. 이 보상의 원리는 언제 생겼을까를 생각해 보자. 인류가 최초 사회생활을 하면서 최초 물물교환 방식이 생겨났을 것이다. 이러한 사고방식은 공정(公正)해 인류의 보편적 법칙으로 무의식에 빨리 정착할 수 있었을 것이다.

또한 인류는 생과 사의 문제를 직면하게 되었고 신과의 소통 문제가 생겼을 것이다. 그런데 신과 소통의 문제는 항상 죄가 소통을 막는 장애물로서 등장하게 되는 것이었다. 물론 이것은 인간의 생각이다. 그 결과 인간은 소통의 장애인 죄에 대하여 인간의 보상 원리를 무의식적으로 그대로 적용하기 시작하였을 것이다. 신은 부족한 것이 없다. 부족함이 없는 신(富者)에게 물건이나 선물은 생색이 별로 나지 않는다. 그러니 마침내 마음을 찌르는 피의 보상(제사, 희생)을 생각해 내었을 것이다. 그러므로 피흘림의 제사가 인류 보편적 신과의 소통방법으로 널리 유포된 이유는 그럴듯한 개연성(蓋然性)을 갖기 때문일 것이다. 그러나 신은 이렇게 꼭 피의 대가를 받아야 속이 풀리는 속 좁은 존재인가? 하나님은 아무런 보상을 바라지도 않고 우리에게 생명이라는 값진 선물을 주신 분이 아니던가? 그래서인지 필자의 생각은 상기 히브리서 기자의 소견은 아무래도 강박적 신경증으로 분석된다. 인간과 신의 관계를 자식과 부모의 관계에 비추어 생각해 보자. 자식이 부모에게 죄를 짓고 부모에게서 멀어졌을 때 자식을 향하는 부모의 심정이 죄인을 향한 하나님의 심정과 크게 다르지 않으리라고 생각한다. 자식이 잘못을 뉘우치고 부모에게 돌아가기 위해서는 대속물이 필요할까? 그것도 꼭 피를 흘리는 화목제물을 드려야 할까? 피 흘림이 없은즉 사함이 없을까? 나는 전혀 그렇지 않다고 생각한다. 비록 인간의 부모라도 자식이 죄를 뉘우친 것만으로도 기뻐서 두 손 들고 나와서 맞으리라고 생각한다. 여기서는 보상의 원리가 전혀 적용되지 않는 것이다.

이해를 돕기 위해 필자가 어릴 적 아버님께 본의 아니게 죄를 짓게 된 이야기를 소개하겠다. 나이는 아마 7-8세쯤이라고 기억된다. 아침 일찍이 집에서 십 리 이상 떨어진 갯벌에 동네 친구들과 놀이를 나갔었다. 충남 보령의 뜨거운 여름 갯벌에서 지금은 머드 팩(mud pack)으로 알려진 개흙을 여기저기 몸에 바르고 정신없이 재미있게 물놀이 하며 놀았다. 그런데 정오가 조금 못된 시각이 된 것으로 기억한다. 거기서 한 형이 12km 정도 떨어진 해수욕장으로 구경 가자는 제의를 하였다. 나보다 2살이 많은 동네 형이었지만 평소 마음이 잘 통해 친하게 지내는 친구 같은 형이었다. 다른 아무도 동의하지 않았지만 나만 흔쾌히 동의하여 둘이서 해수욕장에 가는 길에 올랐다. 한여름 땡볕에 걸어서 겨우 도착한 후 한두 시간을 보내고 집에 돌아왔다. 8월의 여름 해가 길었지만 집에 도착한 시간은 어둑어둑 땅거미가 지려는 시각이었다. 어린 나이에 왕복 60리 길을 걸었으니 시간도 많이 걸리고 먹은 것이라곤 도중에 만난 마을의 우물물을 마신 것이 전부였다. 녹초가 되어 집에 돌아왔다. 아직 철이 없어서 집에서 부모님이 걱정하실 것은 전혀 꿈에도 생각하지 못했고, 우리와 합류하지 않고 먼저 돌아간 동네 친구들도 이 사실을 우리 부모에게 전달하지 않은 상태였다. 아버지는 아들이 아침 일찍 집을 나가서 저녁 늦게까지 돌아오지 않자 애가 타들어 가기 시작하셨다. 물에 혹 빠져 익사한 줄로 여기시고 근방의 모든 수로(水路)를 긴 장대를 들고 수색하시었다 한다. 지금 생각하면 본의는 아니었지만 아버님께 큰 죄를 저지른 것이었다. 죽은 줄로 알았던 아들이 돌아오자 처음에는 아버님의 표정이 분노를 못 이기시고 무섭게 일그러지셨던 기억이 지금도 역력하다. 왜 그렇게 화를 내시는 이유조차 분명히 모르고 불호령이 떨어질까 조바심이 나던 순간이었다. 그러기를 수초, 금방 얼굴이 풀어지시고 안도의 숨을 내쉬며 기뻐하시던 얼굴 모습으로 바뀌시는 것이었다. 죽은 줄 알았던 아들이 살아 돌아온 것만으로 기뻐하셨다. 꾸중 한마디 없으셨다.

성경에도 누가복음에 보면 탕자의 비유가 나온다. 집을 나간 탕자가 머슴으로라도 좋으니 집에 돌아오게 해 달라는 요청에 아버지가 죄값을 요구하시던가? 잃은 줄로 알았던 아들이 돌아온 것만으로 기뻐하며 가락지를 끼우며 잔치를 베풀지 않았던가? 예수가 직접 가르치신 비유를 보자.

21 아들이 가로되 아버지여 내가 하늘과 아버지께 죄를 얻었사오니 지금부터는 아버지의 아들이라 일컬음을 감당치 못하겠나이다 하나

22 아버지는 종들에게 이르되 제일 좋은 옷을 내어다가 입히고 손에 가락지를 끼우고 발에 신을 신기라

23 그리고 살진 송아지를 끌어다가 잡으라 우리가 먹고 즐기자

24 이 내 아들은 죽었다가 다시 살아났으며 내가 잃었다가 다시 얻었노라 하니 저희가 즐거워하더라[111]

아들이 아버지를 만나 소통하려는데 무슨 조건이 있고 보상이 필요한가? 인간도 이러할진대 하물며 하나님이 죄값의 보상인 대속을 요구한다고? 대속의 교리는 누가 만든 것인가? 먼저는 이교도 미스테리아이고 정통파 기독교는 그것을 그대로 답습한 것이 아닌가? 누가 만들었든 이는 제멋대로 인간이 지레 생각해 낸 소통의 조건이라고 생각한다. 인간이 영적 성장을 위해서 머리를 신께 향할 때 이미 지은 행위에 따른 카르마는 물론 해결할 과제로 남겠지만[아무든지 나를 따라 오려거든 자기를 부인하고 자기 십자가를 지고 나를 좇을 것이니라][112] 결코 신과의 소통관계는 단절 된 적이 없다. 거기에 어떤 것의 개입도 필요치 않으며 개입도 불가능하다. 부자관계는 천륜으로 끊을 내야 끊을 수 없는 것이다. 인간과 하나님과의 소통에 보상의 원리(주고받는 세상 이치)는 터무니없는 것이다. 찢어진 휘장을 젖히고 직접 찾아가는 용기와 지혜가 필요할 뿐이다. 우리의 생명은 애초부터 하나님이 값없이 주신 선물이다. 이 점을 깊이 통찰하기 바란다.

여기까지 유월절의 의미를 고찰하였다. 유월절의 진의(眞意)는 죄를 담

당시키는 것이 아니다(지성적 교환 보상 원리). 떠남(訣別, 無住)이라는 기본원리를 떠남에 수반되는 감정의 소요(所要)를 통해 가르치려는 종교적 상징 혹은 장치일 뿐이다. 이제 불가의 연기법을 살펴볼 차례이다.

연기법(緣起法)

상기에서 고찰한 유월절의 기본원리가 정통파 기독교의 십자가의 피흘림으로 똑같이 적용된다. 즉 창과 대못과 가시관도 찔림에 의한 피 흘림의 상징인 것이다. 이 역시 집착에서 떠나기 위해 낮은 단계의 영혼에게 필수적으로 수반되는 아픔과 괴로움을 드러내는 것이다. 이러한 상징은 지성적이기보다는 감성적으로 인간의 심성에 직접적으로 호소한다. 인간이면 지성의 높낮이에 상관없이 직접적으로 감성에 호소하는 손쉬운 접근상의 이점을 갖고 있다. 그러나 결국 감성적 은유(隱喩)와 상징(象徵, 暗號)에 깔린 의미를 이해하여야 된다. **지성적 이해로 끝나지 않는다면 유월절은 신화(神話)나 미신(迷信)의 언저리에 머무를 수밖에 없다.** 지성의 깨침은 감정의 소요(所要)를 무화(無化)시킨다. 경계에 부딪힐 때마다 무심(無心)으로 지나갈 수 있는(無住) 지혜를 혜능(慧能) 선사처럼 터득해야 된다는 말이다. 어린 자식은 어릴 때 무조건 감성적으로 부모에게 의존하지만 나이가 들고 지성이 발달하면 부모의 지견(知見)에 무조건 따르지 않는다. 자신의 부모에 대한 지성적 이해 안에서 따르기 마련이다. 종교에서도 이와 다를 바 없다. 필자도 이런 이유로 지독한 정통파 기독교도였던 어머님이 물려준 종교를 떠났음을 앞에서 밝혔다. 나는 정통파 기독교인도 아니고 그렇다고 불자도 아니다. 하지만 나는 예수와 붓다를 스승으로 믿고 따른다. 그리고 이제 나의 개성과 주체성을 찾고자 노력한다. 모든 인간은 전일적(holistic)적 입장에서 하나이지만 각자마다 고유한 개성과 특질을 부여받고 태어난다. 그러므로 각자는 이것을 최대한 살려내야 이 세상에 온 임무(mission)를 다한 것이라고 믿는다. 예수와 붓다가 이루어낸 것과는 구별되는 내 고유의 불성과 신성을 최대한 발휘 장엄(莊嚴)해야 한다.

이제 지성적인 불가의 기본 원리인 연기법을 살펴보자. 연기법은 고타마 싯다르타(석가모니 부처님, 붓다)가 도달한 불교의 근본적 원리이다. 35세 되는 해의 12월 8일 이른 새벽(남방불교의 전설에는 바이샤카월의 만월이 된 밤)에 드디어 '대각(大覺)'을 이루고 생·로·병·사의 본원을 끊어 없애는 확신을 얻게 되었다. 우주의 진리를 깨닫고는 보리수 밑에 대좌하여 7일 동안 12연기법을 달관하여 모든 의혹에서 완전히 벗어났다고 한다. 그 깨달음의 내용은 간단하게 보인다. 이른바 연기법이다.

1. 이것이 있기 때문에 저것이 있고 此有故彼有
2. 이것이 생기면 저것이 생긴다. 此生故彼生
3. 이것이 없기 때문에 저것이 없고 此無故彼無
4. 이것이 사라지면 저것이 사라진다. 此滅故彼滅[113]

필자는 처음 이 구절을 읽고 그 평범함에 싱겁다고 느꼈다. 허나 공부를 하면 할수록 이 구절이 엄청난 진리를 말하고 있다는 사실을 깊이 통찰하게 되었다. 연기법을 잘 이해하려면 먼저 자성(自性)에 대한 공부가 선행되어야 좋을 것 같아 이 부분을 살펴보도록 하자.

자성(自性, svabhāva)

자성(自性, svabhāva)이란 무엇인가? 우선 쉽게 말하면 실체성(substantiality)

이라고 할 수 있다. 그런데 이 실체성은 우리가 사물에 대하여 어떤 사물이 현상적으로 만져지고 느껴지고 있기 때문에 실체(있다)라고 생각하는 그런 소박한 실체성이 아니라 절대적 실체성이다. 우리는 사물에 대해 실체성이라는 말을 쉽게 쓰고 있는데 실체성이 무엇인가? 현상의 배후에 있는 본질이라고 한다면 좀 더 나은 표현이 되겠으나, 좀 더 가까이 접근해 보자. 자성은 절대적인 실체성으로 상대성(相對性)이나 의존성(依存性)을 벗어난, 독립적(獨立的)인 것이다. 자기 충족적(充足的)이어서, 어떠한 외부의 조건이나 환경에 의하여 지배를 받지 아니하고, 어떠한 원인에 의하여 생겨날 수도 없고[不生], 또한 어떠한 조건에도 사라질 수도 없다[不滅]. 만일 어디로부터 오거나 생긴다면 스스로 독립적으로 존재하는 것이 아니니 자성이 아니다. 무엇에 의존하여 있는 것(생기는 것, 依他起性)이 아니기 때문에 변하여 없어질 수 있는 것도 아니다. 그러므로 전적으로 규정지을 수 없고 논리나 이성으로는 접근하기 어렵다. 우리 언어의 이분법적인 구조의 틀로 파악하기가 어려운 것이다. 있다·없다(有·無)라는 말로 한계(限界)를 계속 부딪쳐 보지만, 자성은 우리가 생각하는 그런 한계 자체가 없다. 이러한 경우에만 자성(실체성)이라는 말을 쓸 수 있는 불생불멸의 의미이다. 이 자성이라는 말을 바로 이해하는 것이 쉽지는 않다. 모든 서술이나 한정이 부정되어야 한다. 자성의 비의존성이나 독립성(Independence), 혹은 자기 충족성 모두 같은 의미이다. 인도의 성자 라마나 마하르쉬(Ramana Maharshi)는 이 자성(自性)을 잘 표현한 말을 구약 성경 출애굽기에서도 찾았는데 그것은 모세가 하나님의 이름을 여쭈어보았을 때 '나는 스스로 있는 자니라'(I AM THAT I AM.)라고 대답하신 이 대목이다. 그는 성경 전체를 통하여 대문자로 인쇄되어 있는 유일한 문장이라고 지적하고 있다. 필자의 견해로도 자성을 적절히 표현하고 있는 말로 보인다. 무엇에도 의존하지 않고 자기 충족적으로 스스로 있는 것(自存)이 하나님의 성품이고 자성이다. 따지고 보면 엄청난 말이다. 물론 자성은 히브리교의 인격적 하나님의 의미하고는 약간 다르다. 하지만 상대성이나 의존성을 벗어나 스스로 존재(자존)하여 자기 충족적이고 불생불멸이라는 성품의 의미에서는 다르지 않다. 이해를 돕기 위해 자성에 대한 다른 표현들을 보자.

* 자성은 고정적이어서 변화할 수 없는 것을 자성이 있다고 한다.

* 자성이란 만들어지지 않고 다른 존재에 의존하지 않고 성립된 것을 일컫는다.[114]

* 실재(自性)는 변함없는 존재의 연속성이다.

다시 한번 뜻을 명확히 하고자 부연하면, 〈자성이 있다는 말을 쓸 때는〉 중도(中道) 인과적(因果的)인 불생불멸로서, 상대적인 있다·없다가 아닌 항구적인 있다(常住)로서 있다·없다가 없어 이분법적인 고정적 명사형 단어로는 표현할 수가 없다. 이제 사유의 패러다임을 바꾸어서 동사형으로 표현될 수 있으며 이는 곧 영원성(eternality, dynamicity)을 의미한다. 시작과 끝을 찾을 수 없기 때문에 인류 최초의 경전 천부경(天符經)에서 무시무종(無始無終)[115]으로 표현되기도 했다. 이 자성은 불성을 가리키며 이 불성이 의인화(擬人化)되면, 바로 하나님이고 부처님이고 진아(眞我)다. 이에 비해 제법에 〈자성이 없다는 뜻으로 쓸 때는〉 주로 제법(諸法)의 자성을 부정하는 표현으로 무자성(無自性, 無實體性)하다고 하며 부정적 의미의 공(空)하다는 말(空性)과 동일하다. 자성은 '자성이 있다·없다'로 서술되지만 '공하다'는 표현에는 공 속에 있다·없다가 중도 인과적으로 이미 포함되어 있다는 것을 알아야 하며, 역동성의 의미를 띠어 중도와 동일한 표현이다.

공사상(空思想)에서는, 공(空)을 관조하는 것이 곧 연기(緣起)의 법칙을 보는 것이며 또한 진실한 세계인 중도(中道)의 진리에 눈을 뜨는 것이다. 그리고 이러한 관점은 불교 실천의 기본 원리가 된다. 이에 대해서는 특히 「반야경」(般若經)과 이에 입각하여 용수(龍樹)가 저술한 논서인 「중론」(中論)에서 명백하게 밝혀 두고 있다.

연기법과 유월절은 공히 역동성에 기초한 것이다

자성을 이해한다면 연기법은 이해한 것이나 마찬가지다. 연기법은 사물(諸法)의 자성(自性)을 부인하는 원리이기 때문이다. 붓다가 깨친 것은 삼라만상 일체가 머물러 항구적으로 존재하는 것은 없다는 사실을 발견한 것이다. 그리고 그 있는 것으로 보이는 것도 다른 원인에 의하여 있게 된다(依存性, 依他起性)는 근본적 통찰이었다. 시간상으로 영원할 것 같은 단단한 바위나, 아니 천체의 별들도 성주괴공(成住壞空)의 과정을 밟으며 변화를 반복하고 있다. 그래서 모든 제법이 있게 보여도 한시적(限時的)으로 존재한다(一切皆空)는 진실을 깨닫게 된 것이다. 그래서 집착하던 것의 무상(無常)함을 깨친 사람은 6조 혜능선사와 같이 거기에 머물지 않고 마음을 내게 되는 것이다.

1. 이것이 있기 때문에 저것이 있고 此有故彼有
2. 이것이 생기면 저것이 생긴다. 此生故彼生
3. 이것이 없기 때문에 저것이 없고 此無故彼無
4. 이것이 사라지면 저것이 사라진다. 此滅故彼滅

이것을 간단히 표현해 보면 A1 → A2 → A3…이다. A1을 관찰해 보니 계속 A1으로 머물지 않고 결국 A2로 변하고 이것 또한 A3로 변한다. A2는 A1과 같은 것도 아니고 완전히 다른 것도 아니다. 조금 변한 것이다. 역으로 A3가 사라지면 A2가 사라지고 A2가 사라지면 A1이 사라진다. 그런데 이 변화는 계속해서 일어나 멈추는 법이 없다. 끊임없이 지속될 뿐이다. 그러고 보니 A1이라는 대상이 고정 불변의 존재가 아니다. 고유성과 지속성과 독립성이 없다. A1이라는 실체성이 없는 것이다. 단지 인연에 의하여 생긴 것이지만 결국 다른 상태로 변하여 가니 전혀 실체성이 없다. 이것이 연기법이다. 연기법은 전혀 깨닫기 어려운 것이 아니다. 연기법은 다른 말로 공성이라고 부른다. 엄밀한 의미에서 자성이 없기 때문이다. 있어도 실답게 있는 것이 아니고 없어도 실답게 없는 것이 아니라서 중도라고 부른다. 연기법, 공성, 무자성, 중도 모두 같은 말이다.

자 여기까지 유월절과 연기법을 공부하면서 두 가지 전혀 달라 보이는 종교가 원리상 동일 원리 위에 세워져 있음을 알 수 있게 되었다. 예수의 빈 무덤(emptiness, devoid of) 역시 그의 가르침을 상징적으로 보여 주고 있다. 한마디로 표현한다면 양대 종교가 공과 공의 활동성(공성, dynamicity)의 기반 위에 건립되어 있는 것이다. 약간의 차이는 연기법은 대상 자체의 변화에 **지성적 관심**을 기울이는 것이고 유월절은 변화(떠남)에 따른 **감성의 소요**에 민감한 것이다. 우리가 공이라는 단어는 명사형과 동사형이 동전의 양면처럼 일체를 이루고 있음을 깊이 통찰해야 한다. 연기법의 불교가 인본주의적 종교로서 그 기반이 공과 공성(dynamicity)이라면 히브리교는 신본주의적 종교로서 그 기반이 떠남의 유월절과 모세가 깨달은 I AM THAT I AM 로서 공히 집착을 비워 떠나는 공과 떠남(공성)의 기반 위에 건립된 것이다. 기억을 다시 불러일으키고자 앞에서 논의한 부분을 다시 보자.

내가 한정하는 그대로 내가 된다는 의미이다. THAT I AM의 보어 자리의 (空 C)의 자리는 의식이나 생각(idea) 혹은 상상, 꿈 등으로 내가 마음대로 한정할 수 있는 자리로 눈에 보이지 않는(unvisible) 빈(空) 자리이며 I AM [THAT I AM(空)]의 자리는 보이지 않던 의식의 세계가 내가 한정한 대로 가시적(visible) 현실로 성취된 색(色)의 자리로 우리가 내 꿈이 이루어졌다!(My dream comes true!)라고 외치는 자리이다. 이는 반야심경의 **공즉시색(空卽是色)**과 정확히 일치한다. 이러한 의미에서 하나님의 이름은

공(空)

+

Dynamicity(力動性), Potentiality(可能性),

Vitality(生命力), Viability(실행 가능성)

이라는 뜻이다. 즉 공(空)과 공(空)의 순수 역동성(純粹 力動性)이 동전의 양면처럼 하나로 합쳐져 공존하고 있다. 이는 반야심경의 공이 즉하면 색이 된다(내가 공의 역동성으로 즉하면-마음을 먹으면-색이 된다)는 **공즉시색(空卽是色)**과 정확히 일치한다는 데서 놀라움을 금할 수 없다. 전혀 뿌리가 달라(?) 보이는 두 종교의 최고 원리에서 한 치의 오차도 없이 일치하고 있는 것이다. 그러나 실상은 두 종교의 뿌리가 같다는 사실은 본서를 읽어 가는 중에 자연히 밝혀질 것이다.

I AM THAT I AM = 공즉시색(空卽是色)
나는 스스로 있는 자니라

이 하나님의 이름은 바로 **우리 인간의 하나님 됨**을 말하고 있다. 즉 이 말씀에서 하나님은 우리 삶의 주재권(主宰權, 주체성 확립)을 인간 스스로에게 주셨다고 믿는다. 모세에게 하신 이 말씀은 너는 나와 같은 능력의 신성, 즉 자질(I AM THAT I AM)이 있다는 것이다. 즉 공즉시색할 수 있는 능력이 너에게 내재되어 있다는 말씀이다. 그러니 너는 그러한 신성을 발휘하여 네 능력을 마음껏 펼쳐 가라는 말씀이다. 이 주재권(주체성 확립)에 대해서는 종교의 본질에서 다시 다룰 것이다. 여기서 끝으로 한 가지 제안을 드리겠다. I AM THAT I AM(호)의 자리에 JUST MAN(단지 사람)을 넣든지 아니면 GOD를 넣든지 그것은 각자의 선택이다.

히브리 종교와 불교는 그 뿌리가 같다

웬 얼토당토않은 말인가? 라고 하겠지만 같아도 어찌 이리 같은가? 필자는 이 부분에 대해서 그냥 지나칠 수 없었다. 지금까지 알려진 바로는 종종 불교가 기독교의 초기 발전에 영향을 끼쳤을 것이라는 생각과 붓다와 예수의 탄생, 삶, 교의, 죽음에서 많은 유사점들이 있다는 것에 학자들이 주목하여 왔다는 정도이다. 종교의 가르침이 진리여야 한다면 어느 종교의 가르침도 참 진리라면 다른 종교라 하여 다를 수가 없을 것이다. 그러나 진리가 같으나 그 진리에 이르기 위한 매카니즘이 동일하다는 데는 단 한 가지 방법밖에 없기 때문일까? 기계작동이 외견상 동일하게 보여도 그 바탕 기술은 전혀 다른 것을 볼 수 있다. 가는 것은 같아도 기차가 가는 것과 비행기가 가는 것은 전혀 다른 기술이 적용되는 것이 아닌가? 여기에서 필자가 주목한 것은 동이족 환국의 신교사관의 전파 경로이다. 예수 그리스도와 붓다와 태일인간은 그 의미상 전혀 다른 점을 못 찾겠다. 동일 뿌리라는 단서는 바로 이것이다. 하나는 인본주의 입장에서 지성적 탐구를 통해서 불교의 정점에 이르고 다른 하나는 신본주의 입장에서 감성적 수단을 통해 히브리교의 정점에 이른 것이다. 연꽃과 샤론의 꽃(무궁화-미국에서)으로 피어난 것이다. 이 샤론의 꽃은 이스라엘에서는 장미이지만 미국에서는 무궁화를 지칭한다고 한다. 이러한 꽃의 이름에서도 영적인 동질성이 드러나는 것이 아닐까? 동이족 우리나라 국화가 무궁화 아닌가? 이스라엘의 피어난 샤론의 꽃은 동이족의 무궁화와 같다는 데서 의미심장하게 느끼는 것은 필자만의 오버센스(oversense)인지도 모른다. 이스라엘 민족은 성경에서 보듯이 족보를 중시하고 종교의식에 촛대를 사용하는 점에서 동이족과 유사한 풍속을 가지고 있다고 한다. 그러면 불교의 발생의 지리적 위치를 살펴보자.

기원전 6세기경 현재의 네팔 남부와 인도의 국경 부근 히말라야 기슭에 카필라바스투(가비라성, 지금의 네팔 틸라우라코트)을 중심으로 샤카 공화국이 있었다 한다. 붓다의 모국이 지역적으로 인도 북부 히말라야 기슭이라는 점에 주목하기 바란다. 지역적으로 고대 환국의 신교사관이 유포(流布)된 영향권이었을 것이라는 것을 쉽게 추정할 수 있다. 여기에 더 결정적인 것은 석가모니가 단군의 자손이라는 사실이 영국 옥스포드 백과사전(p.509)에 실려 있다는 것을 강상원 박사를 통해서 알게 되었다. 또한 환단고기(보급판) 역주에는 다음과 같이 기록되어 있다.

불교의 창시자인 석가모니를 서구학자들은 대개 흰 얼굴을 한 인도-유럽계의 아리아인이라 추정한다. 그러나 1921년에 영국의 저명한 인도사학자 빈센트 스미스(Vincent Smith)가 석가 몽골인설을 최초로 주장한 이후 인도와 태국의 학자들은 석가족이 틀림없이 몽골계 인종이었을 것이라고 확정적으로 말하고 있다.

석가모니는 석가라는 성 외에 구담(瞿曇), 사이(舍夷), 감자(甘蔗), 일종

(日種) 등의 성을 가졌다. 구담은 곧 사이인데, 외국의 귀한 성이라 전한다. 특히 '사이'라는 성은 석가모니가 이(夷)족, 즉 동이족의 한 계열임을 암시한다.[116]

이러한 맥락에서 붓다는 그 시원이 환국의 태일 인간에 닿아 있음을 알 수 있다. 히브리교의 발생은 수메르 문명과 아브라함 모세 예수로 이어지는 그 루트를 앞에서 설명한 바와 같다. 그러므로 히브리 종교와 불교는 그 근원지가 동일하다는 결론에 도달하지 않을 수 없다. 두 종교가 각 지역에서 그 조건에 맞게 발달하였지만 근본 종지(宗旨, 原理)는 같지 않을 수 없다는 결론에 이른 것이다. 또한 예수의 첫 공생애의 외침이 하나님 나라(천국, the Kingdom of God)인바, 이 용어가 바로 환국[桓國, the Kingdom of Light, 光明][117]과 맥을 같이하니 의미심장하다. 또한 예수의 공생애 시작에 하늘이 열리는 이적(開天)이 일어났다. 그러나 동이족의 고조선은 이미 이보다 수 천 년 전에 하늘이 열리며 시작된 나라이다. 그 하늘이 열린 날이 바로 개천절(開天節)[118]이다. 이러한 관점에서 '뜻이 하늘에서 이룬 것같이 땅에서도 이루어지이다'(주기도문)의 가르침에서 보이듯이, 예수는 그 나라가 의식에서뿐 아니라 이 땅에서도 실현된 환국(桓國)을 꿈꾸었는지 모른다.

제7장

종교란
무엇인가?

하나의 길

이런 제목의 글은 당연히 종교학자의 몫일 것이다. 그러나 인간으로 태어난 것 자체가 사회적 존재일 수밖에 없듯이 종교적 존재가 아닐 수 없기는 마찬가지다. 모든 인간이 종교적이라는 의미에서 자기 나름의 종교에 대한 지견을 갖는 것은 오히려 당연하다고 하겠다. 엄격한 학문적 입장에서의 고찰이 아니라 그간 살아오면서 가슴에 축적된 경험을 바탕으로 그 핵심을 정리하고자 한다. 학문적 가치가 있고 없고는 차후의 일이다. 종교라는 것이 무엇이고 무엇이어야 하는지에 대한 개인적 소신(所信) 같은 것으로 부담 없이 읽어 주기 바란다.

종교는 삶의 가장 높은 지침이고 매우 민감한 것으로 자신의 정체성을 규정짓기도 하는 것이고 그 밖에 인간의 삶과 죽음, 삶의 목적 등에 깊게 관련되어 있다. 세계관 인생관 등 중요한 주제들과도 또한 연결된다. 모든 삶의 문제 중 가장 앞자리를 차지하기에 손색이 없다. 이렇게 삶에 우선적으로 고려해야 되는 종교는 어떻게 생긴 것인가?

초기 인류가 역사를 시작할 때부터 종교가 이미 있던 것은 아니었을 것이다. 인간이 생존하기 위해서 삶을 헤쳐 나가는 중에 자신의 능력 밖의 일을 만나면 밖에서 대안을 찾기 마련이다. 천재지변이나 예기치 않은 불치의 병이나 죽음 등이 그것이다. 인간은 자신 밖의 능력 있는 존재를 상정하였을 것이고 그 어려움을 극복하기 위해 빌고, 믿고, 의지하는 종교가 생겼을 것이라고 추정한다. 이것이 외재신의 첫 등장이다. 장래의 불확실성을 극복하여 마음의 평정과 안심을 얻고자 하는 노력의 표현이 종교의 기원이었을 것이다. 중요한 점은 종교가 인류의 삶이 시작된 이후에 종교가 생겼으리라는 것이다. 삶이 시작되는 동시에 종교가 이미 있었거나 아니면 동시에 생겼을 가능성은 없다. 종교는 얼마만큼의 세월이 흐른 뒤에 생긴 지는 알 수 없어도 분명 종교보다는 삶이 먼저였을 것이다. 다른 말로 인간은 종교 없이도 살아왔고 앞으로도 살 수 있으리라는 것이다. 물론 종교가 없을 때 중요한 가르침이나 지침이 없어 그 삶의 질이 떨어질 공산이 크기는 하지만, 없으면 안 되는 생존의 필수 불가결은 아니다. 오늘날도 무종교인이 얼마나 많은가? 이 이야기가 중요한 것은 종교가 삶에 봉사하기 위하여 생긴 것이라는 점을 확실히 해 두고 싶기 때문이다. 이렇게 중심을 잡아 놓지 않으면 종교에 의해 삶이 휘둘리기 쉽다. 그만큼 종교는 파괴적인 요소를 다분히 갖고 있다.

인류 최초의 전쟁은 종교전쟁으로 가인이 동생 아벨을 돌로 쳐 죽인 사건이다. 하나님이 가인의 제사보다는 아벨의 제사를 받으셨기 때문이다. 차라리 하나님을 섬기는 신앙인이 아니었다면 제사 문제로 다툴 일이 없으니 그 일로 사람을 죽이는 일은 없었을 것이다. 이렇게 종교는 민감한 것이다. 종교는 인간에 종속적이지만 어느 순간 인간을 죽이는 유인(誘因)으로 돌변해 버릴 수도 있는 것이다. 중동의 전쟁 화약고도 종교가 밑에서 갈등으로 자리 잡고 있고, 향후 마지막 전쟁도 종교전쟁일 것이라고 알려져 있다. 그러니 종교는 인류에게 득(得)인가 해독(害毒)인가? 자문하지 않을 수 없다.

종교는 목적이 될 수 없다

종교는 목적이 될 수 없다는 사실은 아무리 강조해도 지나치지 않는다. 방금 논의한 대로 종교는 삶에 종속되어야 한다. 종교 자체는 목적이 될 수 없고 수단이라는 인식이다. 신과 인간의 엄격한 선을 긋기를 선호하는 사람들은 건방진 인간의 교만이라고 할 것이다. 그러나 종교로 인해서 중세 사람들의 억압과 박해 그리고 현금에 이르러서도 많은 분쟁과 살육과 전쟁이 바로 이 종교와 연루되어 있음을 부인하기는 어려울 것이다. 종교가 인간의 삶의 질을 높이는 순기능만 있는 것이 아니라 역기능 또한 만만치 않은 것이다. 이러한 목적과 수단에 대한 문제는 히브리 종교나 불교라는 종교 내의 문제로도 제기 된 것을 볼 수 있다. 다음은 유명한 예수의 안식일에 대한 발언이다. 인간의 주체성에 대한 선포이다.

23 안식일에 예수께서 밀밭 사이로 지나가실쌔 그 제자들이 길을 열며 이삭을 자르니

24 바리새인들이 예수께 말하되 보시오 저희가 어찌하여 안식일에 하지 못할 일을 하나이까

27 또 가라사대 안식일은 사람을 위하여 있는 것이요 사람이 안식일을 위하여 있는 것이 아니니

28 이러므로 인자는 안식일에도 주인이니라[119]

6 내가 너희에게 이르노니 성전보다 더 큰이가 여기 있느니라

7 나는 자비를 원하고 제사를 원치 아니하노라 하신 뜻을 너희가 알았더면 무죄한 자를 죄로 정치 아니하였으리라

8 인자는 안식일의 주인이니라 하시니라[120]

여기서 예수가 이 세상에 임한 분명한 이유를 가늠해 볼 수 있다. 안식일이 율법적 신본주의의 상징이라면, 안식일의 주인이라는 말은 주체적 인본주의의 출현을 알리는 선포다. 이미 이 문제의 명백한 정답은 이미 예수가 제시한 것이다. 안식일은 사람을 위하여 있는 것이요 사람이 안식일(하나님의 율법)을 위하여 있는 것이 아니다. 율법(수단)은 인간에 봉사(목적)하기 위하여 제시된 것이다. 하나님은 제사(수단)보다는 순종(목적)을 더 원하신다. 더구나 유태인의 의식 가운데 성전은 곧 하나님이 계시는 곳으로 '성전보다 더 큰이가 여기 있느니라'는 예수님 말씀의 의미를 깊이 생각해 보기 바란다. 또한 안식일의 주인인 인자(人子, the Son of man)를 위해 있는 것이라는 표현에서. 인자(人子, the Son of man)라는 말의 참뜻을 알아야한다. 하나님의 아들(the Son of God)이 아니고 인자(人子, the Son of man)라고 굳이 표현하신 예수의 뜻을 헤아려야 한다. 신약 성경에서 예수는 88번이나 "인자"로 일컬어지고 있다. 그가 사용한 "인자"라는 명칭은 보통 인간과 동일시되는 겸허한 존재라는 의미였다.

63 예수께서 잠잠하시거늘 대제사장이 가로되 내가 너로 살아 계신 하나님께 맹세하게 하노니 네가 하나님의 아들 그리스도인지 우리에게 말하라

64 예수께서 가라사대 네가 말하였느니라 그러나 내가 너희에게 이르노니 이 후에 인자가 권능의 우편에 앉은 것과 하늘 구름을 타고 오는 것을 너희가 보리라 하시니[121]

예수에 대해서 '네가 **하나님의 아들** 그리스도인지 우리에게 말하라'고 했을 때도 예수는 자신을 가리켜 **하나님의 아들** 대신 굳이 **인자**라고 응대하고 있다. 예수는 스스로의 정체성에 대해서 하나님의 아들보다는 사람

의 아들 인자라는 의식을 강하게 드러내 보이고 있다. 이러한 자신의 정체성에 대한 강한 자의식(自意識)은, 그가 신인합일(神人合一)의 위치에 있으면서도 하나님 편(神本主義)보다는 인간의 편(人本主義)에 서 있는 것을 볼 수 있다. 여기서도 그가 세상에 오신 목적이 무엇인지 다시 한번 분명히 확인할 수 있다.

한편 이 문제는 불가의 가르침에도 명시되어 있다. 번뇌를 끊고 피안에 도달했으면 그동안 간직했던 법이 필요 없다. 마치 강을 건너면(목적) 뗏목(수단)은 이제 필요 없는 이치와 같다. 피안에 도달하였는데도 그간 간직한 법을 고수하는 것을 법집(法執)이라 한다. 수단이 목적을 앞설 수 없는 것이다. 시쳇말로 다 살자고 하는 일이다. 다 좀 더 잘 살자는데 수단인 종교가 사람(목적)을 죽여서야 되겠는가? 우리는 수단이 목적을 앞설 수 없다는 사실을 망각한 종교의 폐해가 가져온 역사를 잊어서는 안 된다. 이 교훈은 동양의 지혜로서 잘 알려져 있는 유명한 고사성어가 있다. 장자(莊子)에 나오는 득어망전(得魚忘筌)이 그것으로 물고기를 잡으면(목적) 통발(수단)은 잊으라는 것이다. 이 원리는 삶의 여러 가지 각도에서 본말(本末)이 전도된 것을 바로잡는 현인(賢人)들의 지혜였다. 수단이 목적을 앞설 수 없는 것이다. 종교에 있어서도 이 가르침은 무엇보다 중요하다. 이러한 통찰 위에 종교가 정의되어야 한다. 종교학자 프레데릭 스트렝(Frederick J. Streng 1933-1993)은 "종교는 궁극적 변혁을 위한 수단이다(a measure to ultimate transformation)."라고 말했다. 종교는 진리를 깨침으로 변화하여 이전보다 나은 존재로 발전시키는 수단에 머물러야 한다. 다른 말은 다 제쳐두고라도 종교의 핵심을 정의한 올바른 소견이다. 종교는 단지 변화를 위한 수단이어야 한다. 단지 의식의 영적 발전을 가져오는 매개가 되어야 한다.

너희는 이 세대를 본받지 말고 오직 마음을 새롭게 함으로 변화를 받아 하나님의 선하시고 기뻐하시고 온전하신 뜻이 무엇인지 분별하도록 하라[122]

이제 신앙인 중 자신의 종교에 함몰(陷沒)되어 있는 사람을 위해서 한마디 지적해야겠다.

모든 종교의 시작은 이단(異端)이다

모든 종교가 그렇듯이 자신의 종교가 제일이고 유일한 길이라고 가르치는 게 당연하다. 종교의 속성상 자신의 종교보다 낮거나 다른 길도 있다고 가르치는 것은 불합리한 일로 보이기 때문이다. 자신의 종교가 최고의 가르침이라고 믿기 때문에 선택한 것이다. 그러기 때문에 타 종교나 분파(分派) 혹은 다른 교파(敎派)에 대하여 비판적 입장을 가질 수밖에 없다.

여기서 발휘되어야 하는 지혜가 종교의 시작과 기원에 대해서 살펴보라는 것이다. 필자도 어린 시절부터 정통파 기독교 외에는 모두 이단이라는 세뇌 속에서 자랐다. 특히 사이비 이단 종교에 대해서는 귀에 못이 박히도록 들었다. 사이비 종교를 옹호하려는 것은 결코 아니다. 그러나 한번 생각해 보자. 모든 종교가 창세 이전부터 있었던 것이 아닌 이상 새 종교가 발흥하여 생길 때는 기존에 있던 종교나 믿음체계와 다르다. 그 당시에는 소위 이단인 셈이다. 새 종교를 받아들이지 않는 입장에서는 기존의 가르침과는 다르고 이제까지 자신의 종교만이 최고의 유일한 종교였기 때문이다. 보수적이고 신실한 믿음을 가진 사람일수록 신흥 종교나 타 종교에 대해 거부감을 갖기 마련이다. 그러나 자신의 종교도 처음 생겼을 때는 기존의 종교와는 다른 이단이었고 배척(排斥)받았으나 지금은 그러한 오해를 다 이겨내고 정통 보수파가 된 것이다. 그러니 타 종교나 분파에 대해서 거부만 할 것이 아니라 보다 열린 마음으로 유연한 자세를 가지고 대하는 것이 바람직하다. 그렇다고 자신의 종교를 버리라는 말도 아니다.

비교 종교학자 막스 뮐러(Friedrich Max Müller, 1823-1900)는 "하나의 종교만 아는 사람은 아무 종교도 모른다."라고 말했다. 여러 종교를 연구 비교하면서 얻은 결론일 것이다. 편협(偏狹)한 신앙을 고수하는 충성심보다는 종교에 대한 넓은 식견을 갖는 게 자신의 영적 발전을 위해 유익해 보인다.

종교의 본질

그러면 종교의 본질은 무엇일까? 그 가르침의 핵심은 무엇일까? 종교 안에서가 아니라 종교 밖에서 조망(眺望)할 때 무엇이 종교의 핵심 본질일까? 여러 가지가 있겠지만 그중에 다음 몇 가지를 들고 싶다. 첫째는 변화의 수용이요, 둘째는 신뢰의 회복이요, 셋째는 주체성의 확립이다.

1. 변화의 수용

유월절도 연기법도 변화에 관련된 것이다. 변화는 우주를 지탱하는 힘이자 근본 역동성이다(不守自性隨緣成-法性偈). 변화와 작용이 없다면 생명체는 존속할 수가 없다. 흔히 생로병사(生老病死)를 비관적으로 보지만 이는 성주괴공(成住壞空)·생주이멸(生住異滅)과 마찬가지로 변화가 없다면 공성이 없다는 뜻으로 단멸(斷滅)을 말한다. 어린아이가 성장을 멈추어 고정된다면 세상에 어른이 없을 것이고 다음 세대는 잇지 못할 것이다. 변화의 덕택으로 우리와 우주가 지탱되는 것이다. 지구가 멈추어 고정되면 밤낮이 없어질 것이요 사계절도 없어질 것이다. 우리는 우주의 일부로서 이 우주의 변화를 슬기롭게 받아들이는 전일적(holistic)인 우주 시민이 되어야 한다. 그 변화는 앞으로 나아가기 위한 과거와의 결별이요 떠남인 것을 공부했다. 집착이 있었다면 아픔과 고통이 있었을 것이고 억압과 속박이 있었다면 해방과 자유의 기쁨이 있었을 것이다. 시각의 차이가 조금 있을 뿐 유월절이나 연기법의 근본 취지는 다를 바 없다. 양대 종교는 이러한 변화의 원리를 그 근본 원리로 삼은 이유가 바로 이것이다. 궁극적인 종교적 통찰은 이러한 우주적 경영이 이러한 변화를 바탕으로 성취되고 있다는 진리에 도달하였기 때문이다. 실상이 이러한 데도 무명에 싸인 중생은 어린아이같이 눈앞의 장난감에 집착하고 내놓지 않으려는 태도에 함몰되어 있다. 그러니 종교는 막무가내의 교착상태(膠着狀態 stalemate)에서 그 끈끈한 고리를 끊고 앞으로 나아가게 하려는 것이다. 그러므로 종교의 본질은 변화의 수용에 초점이 맞추어져 있는 것이다.

여기서 불교와 히브리교의 차이점을 한 가지 지적하겠다. 연기법에서 용수보살이 공성을 본 것은 걸출(傑出)하고도 탁월(卓越)한 통찰이었다. 실체성이 부정되고 일체 고액(苦厄)에서 벗어날 수 있게 해 주었다. 그러나 거기가 끝은 아니다. 궁극적 관점에서 결국 거기가 끝일 수도 있겠으나 현실적 우리의 삶은 거기서 다시 이어지는 변화의 도상에 계속 놓여 있다는 점이다. 석가모니 부처님은 중생제도로 그 이후의 삶을 마감하였지만, 허다한 중생이 전적으로 다 중생제도에 나설 수 없는 노릇이다. 중생은 이 가르침의 지혜로 자신의 삶을 살아야 한다. 우리의 삶이 깨침 후에도 계속되기 때문에 고통을 벗어남(떠남)에만 초점을 맞추는 삶이 계속될 수만은 없지 않은가? 훨씬 자유롭고 사물을 있는 그대로 보는 진여(眞如)에 눈을 뜨게 되었으나 어떻게 향후 살아야 하는지에 대한 구체적 지침은 없다. 앞으로의 삶은 주체적으로 자신이 스스로 결정할 문제로 남겨진 셈이다.

> 선불교에서 세계를 보는 것은 세계를 있는 그대로 놔두는 것입니다. 인간의 역사 역시 끊임없는 욕망과 무엇인가를 갈망한 갈등과 대립의 역사입니다. 끊임없이 무엇인가를 추구하고 달성해야 하는 미래지향적인 역사를 지녀왔습니다. 이러한 역사 형성에 그리스도교가 많은 영향을 미쳤습니다. 그러나 불교에서는 미래가 별로 중요하지 않습니다. 현재 있는 그대로 순수한 존재 자체를 중시하는 현재의 종교입니다. 따라서 공은 이제까지의 뜨거운 갈등의 역사를 냉각시켜주는 역할을 할 수 있습니다. 현재 있는 그대로를 관조하면서, 현재 존재의 순수한 신비와 아름다움을 받아들이고 감사할 수 있게 하는 지혜를 줍니다.[123]

붓다는 왕실(王室)에서 태어나 풍족한 삶을 누리다가 생로병사라는 불편한 진실을 깨닫고 생사와 고통의 문제를 해결하고자 출가하여 불교가 탄생하게 된 것이다. 또한 불교가 발흥한 지역이 농경지역으로 비교적 풍요로운 토양에서 일어난 종교로서 미래가 별로 중요하지 않은 현재를 중시하는 현재의 종교다. 욕망과 집착을 버리고 열반에 드는 것이 주목적이었다. 불교는 붓다가 왕궁의 배부름을 박차고 나간 종교라는 것이다. 이에 비해 히브리 종교는 척박한 사막에서 피어난 종교다. 생존과 목마름에 이것을 해결하는 것이 급선무인 토양에서 생겨난 종교다. 하나님이 백성을 이끄심도 이것을 반영하듯 젖과 꿀이 흐르는 땅에 대한 약속이었다. 그러니 히브리교는 미래지향적이 아닐 수 없다. 배부름을 박차기는커녕 배고픔을 시급히 해결하기 위한 종교다. 히브리교의 입장에서 보면 붓다는 어느 면에서 복에 겨운 사치(奢侈)일 것이다.

그러나 양대 종교에서 공히 현재의 집착을 끊고(공성) 앞으로 나아간다는 점에서 다를 바가 없다. 문제는 이러한 바탕에서 우리는 능동적으로 아무런 집착 없이 우리의 삶을 마음껏 펼쳐 보일 수 없는 것일까? 하는 것이다. 집착도 없고 미련도 없이 보는 법안(法眼), 혜안(慧眼), 불안(佛眼)을 얻었지만 신성을 마음 것 끌어올려 집착 없는 미래를 펼쳐 보일 수는 없는 것인가? 예수는 자신 안의 무한한 신성을 깨닫고 이렇게 가르쳤다.

예수께서 이르시되 할 수 있거든이 무슨 말이냐 믿는 자에게는 능치 못할 일이 없느니라[124]

예수의 가르침은 이 부분에서 붓다와 다르다. 이스라엘의 아브라함의 갈대아 우르 탈출로부터 모세의 엑소더스에 이르기까지 모든 떠남과 결별에는 기억해야 할 다른 한 축이 있었는데 미래에 대한 약속(vision)이 동시에 주어졌다는 것이다.

1 여호와께서 아브람에게 이르시되 너는 너의 본토 친척 아비 집을 떠나 내가 네게 지시할 땅으로 가라
2 내가 너로 큰 민족을 이루고 네게 복을 주어 네 이름을 창대케 하리니 너는 복의 근원이 될찌라[125]

아브라함은 하나님으로부터 엄청난 미래의 약속을 받았다. 마찬가지로 이스라엘이 애굽을 떠나는 일에 대해서도 하나님은 모세에게 약속을 보여 주셨다.

8 내가 내려와서 그들을 애굽인의 손에서 건져내고 그들을 그 땅에서

인도하여 아름답고 광대한 땅, 젖과 꿀이 흐르는 땅 곧 가나안 족속, 헷 족속, 아모리 족속, 브리스 족속, 히위 족속, 여부스 족속의 지방에 이르려 하노라[126]

이렇게 히브리 종교는 떠남과 연결(link)되어 약속이 주어진다. 이런 관점에서 바라본다면 익숙한 것(과거)으로부터의 떠남이 아픔과 고통이지만, 다른 한편으로는 희망찬 미래와 도전을 향한 발판이기도 한 것이다. 어느 쪽을 택할지는 각자의 선호에 달려있다. 이러한 취지에서 앞 절에서 불교는 깨달음 이후 주체성의 운용에는 히브리 종교만큼 능동적이지 못하다는 점을 지적한 것이다. 그렇다고 불교에 미래지향적인 부분이 없는 것은 아니다. 아이러니하게도 깨침의 욕망과 집착이 없다면 깨침은 일어날 수 없다. 보살은 모든 중생을 다 구제하겠다는 강력한 원을 세운다. 지금도 원을 세워 크고 작은 불사를 일으키지 않는가? 붓다의 의도가 사적 욕망이 아닌 거룩한 욕망조차 끊으려 하지 않았다는 것이다. 그가 중생제도를 위해 나선 것은 다른 어떤 욕망보다 큰 욕망이기 때문이다. 이제 종교의 본질로 돌아가 보자. 종교의 본질 둘째 꼭지 신뢰의 회복이다.

2. 신뢰의 회복

종교를 갖게 된 이유에 대해서 앞 절에서 자신의 능력 밖의 일을 만나면 밖에서 대안을 찾기 마련이라고 언급하였다. 이 말은 스스로의 능력에 대한 결핍감과 불신을 의미한다. 인간은 어느샌가 스스로가 심리적 불안 상태에 머물게 되고 이를 극복하고자 자신 밖의 의지처를 찾아 외재신(外在神)을 받들게 된다는 뜻이다. 결국 진리를 향한 종교적 여정은 깨침과 배움을 통해서 심리적 안심 혹은 안식에 이르는 과정이다. 이 과정은 나 밖의 외재신에서 점점 깨침과 배움을 통해서 결국 신은 밖에 있는 것이 아니고 내 안에 있다는 사실(內在神)을 깨치는 과정을 밟는다. 예수가 '할 수 있거든이 무슨 말이냐 믿는 자에게는 능치 못할 일이 없느니라'는 완전한 자기 신뢰(內在神)의 회복을 드러내는 말이다. 자신 안에 무한한 신성이 내재하고 있음을 자각 확신하고 있음을 표현하고 있다. 나는 그리스도다. 예수는 이 사실을 아는 것을 복음이라 했다. 이 복음을 믿으라는 선포가 예수 공생애의 시작이었다. '너희가 그리스도다'라는 **인간의 위격과 가치에 대한 파천황적인 선언**이었던 것이다. 기존의 신본주의가 인본주의로 바뀌는 대변혁의 쾌거였다. 불가의 돈오(頓悟)는 이러한 절대적 경지에 단박에 이름을 보여 준다. 이러한 인간성의 완성은 완전한 신성의 자각이고 완전한 신뢰의 회복임을 보여 준다. 그러나 이러한 돈오가 단박에 모든 중생에게 일어나지는 않는다. 대다수가 다음에 소개되는 이스라엘 백성과 같은 과정을 밟는다.

이스라엘 백성은 애굽을 떠남과 동시에 가나안 땅을 약속받았다. 그러나 이스라엘 백성의 가나안 땅에 이르는 여정은 배워야 할 무수한 영적 난관이 존재함을 보여 주고 있다. 굳이 불가의 표현을 빌리면 돈오(頓悟)가 아니라 점수(漸修)임을 여실히 보여 준다.

26 이후에 너희 자녀가 묻기를 이 예식이 무슨 뜻이냐 하거든

27 너희는 이르기를 이는 여호와의 유월절 제사라 여호와께서 애굽 사람을 치실 때에 애굽에 있는 이스라엘 자손의 집을 넘으사 우리의 집을 구원하셨느니라 하라 하매 백성이 머리 숙여 경배하니라.[127]

유월절이 짐승을 희생하여 **피를 뿌리는 것**은 이전 즉 기존의 것에 대한 부정이요, 익숙했던 것, 정들었던 것[집착]과의 결별에 따른 아픔(가시)을 나타내는 것이다. 첫 번째 유월절의 장자(the firstborn) 재앙은 이미 있어

온 것의 부정으로 지금까지 고정된 실체(영원한 가치)로서 여겨 온 것에 대한 부정인 것이다. 이러한 과거의 것으로부터 넘어가기 위해서 즉 변화하기 위해서는 이미 의식 속에 자리 잡고 있는 것을 보내야만 한다. **보내고, 내려놓고, 놓아주고, 포기하고, 부정(공성)**하지 않는다면 새 것 혹은 온전한 것은 영영 올 수 없고 받아들일 수가 없기 때문이다. 새는 알을 깨고 나온다(데미안-헤르만 헤세). 넘어가기 위해서 필수불가결한 이러한 가시의 고통은 앞에서 언급된 바와 같이 믿음의 조상 아브라함이 모리아 산에서 100세에 하나님과의 약속으로 얻은 아들 이삭을 번제로 드리는 모습에서 생생하게 표현되었다. 이렇게 아브라함과, 이삭, 그리고 야곱과 그의 자손들로 이루어진 이스라엘 백성의 430년간의 노예생활을 끝내고 모세의 인도하에 하나님이 약속하신 젖과 꿀이 흐르는 가나안 땅을 향하여 나아가게 된다. 이것이 제2차 Exodus(pass over)다. 사실상 이러한 광야로의 진입은 바로 믿음과 약속 세계로의 진입인 것이며 닥치는 어떤 상황이든 거기에 머물러 집착하지 않고 긍정적이고 능동적으로 변화에 따르겠다는 새로운 의식 지평으로의 진입으로 이는 전적으로 의식상의 변성(變性)일 뿐이다. 가시적인 애굽 밖의 환경은 의지 할 바 없는 황량한 광야 혹은 사막이다(空性). 그들에게 요청되는 유일한 덕목은 하느님을 의지하는 것뿐(信賴의 回復)이며 눈에 가시적(可視的)으로 드러난 사막의 소산(所産)은 거의 없는 것이었고 있다 해도 보잘것없는 것(空性)이었다. 이 상황은 불가의 깨침 이후의 의식적 상황과 맥을 같이한다. 다만 사막의 공성에서는 결핍에 따른 감정적 무상함이요, 공성을 깨친 이후의 정서는 고뇌의 벗어남에 따른 안온함이 전자와 다르다. 세밀히 관찰해 보면 공의 자리에서 느끼는 감정에서 차이를 느낄 수 있다. 그러므로 진정한 공은 미세한 감성 역시 공함을 깨쳐야 한다. 이 공함의 자리는 결국 진아로 인식되는 자신에 대한 무한한 신뢰요 믿음의 자리이다. 이제 주체적 입장에서 신과 하나 된 붓다의 모습을 보여 주어야 할 시점인 것이다. 그러나 실상은 달랐다. 앞으로 보내게 될 40년간의 유랑은 앞에서 지적한 대로 과거에 대한 집착을 온전히 끊고[pass over] 신뢰를 회복하고 주체성을 확립하기 위한 집단적인 영적 훈련 기간이었다.

17 바로가 백성을 보낸 후에 블레셋 사람의 땅은 길은 가까울지라도 하나님이 그들을 그 길로 인도하지 아니하셨으니 이는 하나님이 말씀하시기를 이 백성이 전쟁을 보면 뉘우쳐 애굽으로 돌아갈까 하셨음이라
18 그러므로 하나님이 홍해의 광야 길로 돌려 백성을 인도하시매 이스라엘 자손이 애굽 땅에서 항오를 지어 나올 때에[128]

바로 이 유월절 절기의 의미는 새로운 이스라엘 국가의 독립과 새로운 시작을 기념하는 것이었다. 이러한 이스라엘 국가의 시작의 의미는 영적으로 믿음과 약속으로서의 새로운 차원으로 곧 영적인 세계로의 진입이다. 이렇게 시작된 영적 여정에서 하나님은 이스라엘 백성을 빠른 길을 버리고 다른 길을 선택하신 이유는 무엇일까? 이스라엘 백성을 가까운 블레셋 사람의 길을 피하고 황량한 광야의 길로 인도한 것은 바로 하나님이었다. 그 이유는 백성의 영적 상태를 너무나 잘 알고 계셨기 때문이다. 이 백성이 전쟁을 보면 뉘우쳐 애굽으로 돌아갈까 하셨음이라. 정작 마음이 영적 테스트(기독교 용어로 시험)로 점검받을 때 그 실력이 고스란히 드러나는 법이다. 아직 시험을 통과할 만큼 영적 진보가 이루어지지 않은 것이다. 몸은 떠났지만 마음은 과거에 대한 미련과 애착이 남아 있었다. 그러나 약속의 땅에 들어가기 위해서는 그들의 실질적인 영적인 성숙이 이루어 진 연후에 그곳에 진입할 수 있다는 영적 진실이다. 내 죄가 예수의 대속으로 모두 사해졌다는 사실을 믿음만으로 결코 들어갈 수 없는 의

식의 경지다. 사실을 믿는 것이 곧 영적성장을 의미하는 것은 아니기 때문이다. 화엄경에는 이렇게 기록되어 있다. '믿음은 도의 근본이요 공덕의 어머니이다.' 믿음이 도를 이루는 데 이같이 중요하고 필요한 것이다. 그러나 이것은 단순히 시작일 뿐이다. 용수(龍樹)의 대지도론(大智度論)에는 '믿음으로써 부처님 가르침의 큰 바다에 들어가며, 지혜로써 그것을 건넌다.'고 기록되어 있다. 여기서 보듯이 믿음은 시작에 불과하고 깨침에 따른 지혜의 터득이 영적 진보의 마침이다. 깨달음이 결여된 믿음은 그 효용성에서 아직 어리고 취약하다. 그러므로 이러한 영적 진보의 초입에 있던 이스라엘 백성은 번번이 연전연패(連戰連敗)할 수밖에 없었다. 아직 깨침에 따른 지혜의 터득에 이르지 못하였기 때문이다. 앞에서 제시된 말씀에서도 하나님의 우려는 **이 백성이 전쟁을 보면 뉘우쳐 애굽으로 돌아갈까 하셨음이라**에서 보이듯이 이스라엘 백성이 과거에 대한 집착 또한 완전히 끊지 못하는 것이었음을 알 수 있다. 즉 일상에서도 지속적으로 집착을 끊는 유월절(pass over)이 이루어져야 하기 때문이다. 그들이 문설주에 피를 바르고 황급히 애굽을 떠나올 때의 그들의 영적 상태는 그 믿음이 모세와 같이 견고하지 못하였으며 어린 양의 피가 상징하는 유월절이 무엇을 뜻하는 지를 깨닫지도 못하였다. 그들은 영적인 준비가 갖추어진 것도 아니고 믿음의 초보적인 수준에 머물러 있었던 것이다. 하나님은 이스라엘 백성의 영적 진보가 초보단계에 머물러 있었음을 너무도 잘 알고 계셨기 때문에 가나안 땅에 입성하기 위해서는 다음과 같은 영성의 개화가 이루어져야 했던 것이다.

우리의 믿음이 견고해져서 마음속에서 그 믿음과 모순되는 것들을 쫓아낼 정도가 되면 존재의 중심에 습관처럼 배인 생각이 우리의 존재를 명확하게 드러나게 되고, 이것을 진정한 변형이라 말할 수 있습

니다.[129]

출애굽에 참여한 제1세대 60만 명에 달하는 이스라엘 백성은 여호수아와 갈렙만을 제외하고 광야에서 다 죽고 그 후손들만이 약속의 땅에 들어갈 수 있었다는 사실에 깊은 영적인 의미를 참구해 보아야 한다. 비록 10가지 재앙을 목도하고 홍해를 가로질러 기적적으로 통과함으로써 하나님의 전능하신 능력을 체험하고 물로 세례를 받았음을 상징하지만 그 이후 광야에서 유랑하며 벌이는 이스라엘 백성들의 믿음 없는 지속적인 행태는 전쟁이나 어려움을 당할 때마다 그들의 낮은 영적 수준을 여지없이 노출한 신뢰 결핍의 연속이었다. 가나안 땅 입성에 앞서 12명의 정탐군이 가나안 땅을 탐지한 후 돌아와 보인 태도는 여호수아와 갈렙을 제외하고는 하나님에게 대한 신뢰(자신에 대한 신뢰회복)가 전혀 없는 영적 수준의 실상을 여실히 보여주었다. 온 이스라엘 회중을 설득하려는 여호수아와 갈렙에 대하여 이렇게 기록되어 있다.

10 온 회중이 그들을 돌로 치려하는 동시에 여호와의 영광이 회막에서 이스라엘 모든 자손에게 나타나시니라
11 여호와께서 모세에게 이르시되 이 백성이 어느 때까지 나를 멸시하겠느냐 내가 그들 중에 모든 이적을 행한 것도 생각하지 아니하고 어느 때까지 나를 믿지 않겠느냐[130]

수십 년을 사막에서 유랑하며 영적 수업을 쌓았지만 그들은 모세와는 달리 유월절의 참된 의미를 깨닫지 못하였을 뿐만 아니라 여호수아와 갈렙이 도달했던 고강하고 담대한 영적 경지(주체성의 확립)에도 이르지 못하였고 결국 광야에 모두 다 뼈를 묻어야 했던 것이다. 단지 그들의 조상

인 요셉의 유골은 모세가 취하여 가나안 땅에 메고 들어가게 된다. 즉 과거 요셉의 유언대로 430년이 지나 모세와 여호수아를 통해 응답되었다. 결과적으로 모세를 제외하고 결국 세 사람 여호수아 갈렙 그리고 그들의 12지파 조상 중 하나인 요셉의 유골만이 약속의 땅 가나안에 묻혔음을 잊지 말아야 한다. 이들은 영적 승리자로 진정한 이스라엘(그리스도)을 상징하기 때문이다.

결론적으로 상기 1세대 이스라엘은 온전한 공성을 깨닫지 못한 것이다. 그리고 백성의 수가 아무리 많아도 그중 자격을 얻은 자만이 가나안 입성이 가능하다는 사실이다. 공성의 온전한 터득은 신뢰의 회복과 주체성의 확립을 의미한다. 이는 동시적 사건이다. 불가에서 전해지는 선사들의 오도송(悟道頌)[131]은 이것을 여실히 보여 준다. 한결같이 상기 지적한 3가지 본질적 요소가 결여된 오도송은 없다.

3. 주체성의 확립

모든 깨침은 인간과 신(한계)의 경계에서 그 경계가 무너질 때 생기는 것이다. 양계(兩界)를 가로막던 분리가 찢어지면서 서로 통하게 되는 현상이다. 깨침, 깨달음, 째짐, 찢어짐, 소통(疏通), 개통(開通), 합일(合一), 원융(圓融), 일통(一統), 돌파(突破, breakthrough) 등 다양한 표현이 있을 수 있다. 저간의 답답함과 제약의 금제(禁制)가 풀리고 자유로운 차원으로 진입할 때 환희와 통쾌함이 있다. 그것이 꼭 지성적인 것에만 국한시킬 필요는 없다고 생각한다. 텔레비전에 방영된 〈달인(達人)〉 프로를 보면 자신의 행하는 어떤 일이든 사람이 하는 일이라고 믿기 어려운 고난도의 일을 귀신같이 척척 해내는 것을 볼 수 있다 그것도 한 번의 실수도 없이. 모든 어려운 단계마다의 장벽을 깨고 그 달통(達通)의 경지에 이른 것이다. 우리는 그 사람을 달인, (귀)신의 경지에 이른 사람(鬼才)이라고 부른다. 그 분야의 사람이 아닌 신이 된 것이다. 여기서 우리는 신은 인간 능력의 한계점에 놓여 있는 것을 알 수 있다. 아니 신은 인간 스스로가 그어 놓은 한계 자체일 수 있다. 인간의 능력을 스스로 제약하는 개념이다. "나는 죽었다 깨나도 할 수 없어. 신은 나와는 질적으로 다른 존재야. 그러니 당연히 신은 인간이 할 수 없는 일도 하는 거야." 비행기가 발명되기 전까지는 인간이 하늘을 날 수 있다는 생각은 하늘의 별따기와 같았다. 이제 세상은 바뀌어 하늘에 별은 못 따와도 별에 갈 수는 있을 만큼 진보했다. 여기까지 오는 데 거쳐야 할 그 무수한 찢어진 신(장벽)을 숙고해 보라. 신은 찢어지기 위해 있는 것이다. 기록은 깨뜨리기 위해 있는 것처럼. 인간이 한계를 넘어서면 그 분야의 신이 된다. 혜능 선사는 그의 육조단경에서 막히면 도가 아니다(道須通流)라고 말하였다. 신이 나와는 거리가 먼 나 밖의 존재가 아니다. 지금의 인간 그대로 신의 경지로 넘어가는 것이다. 이렇게 가슴 떨리는 체험에서 귀신같이 인간의 한계를 뛰어넘는 경험을 하게 되면 스스로에 대한 자신감을 얻기 마련이다. 인간이지만 신의 카리스마를 자연히 갖게 되는 것이다. 자신의 경험에서 우러나오는 자신감이다. 필자는 이것을 **주체성의 확립**이라고 부른다.

선가의 임제 선사의 행록인 임제록에는 다음과 같이 기록되어 있다.

니차수처작주 입처개진 경내회환부득(儞且隨處作主 立處皆眞 境來回換不得)

"그대들이 어디를 가나 주인이 된다면 서 있는 곳마다 그대로가 모두 참된 것이다. 어떤 경계가 다가온다 하여도 끄달리지 않을 것이다."[132]

오케스트라와 협연하는 연주자는 자기 연주에 달통하여 범인이 달성하기 힘든 벽을 뚫고 아름다운 선율을 선사한다. 그 연주자의 태도는 당당하다. 그가 연주하는 순간 모든 청중은 숨죽여 그의 연주에 집중한다. 그 순간 그는 연주회장의 신이요 주인공 주인이다. 우리는 자꾸 나 밖의 외재신(外在神)을 생각하는 관성(慣性)을 갖고 있다. 자신을 과소평가하기 때문이다. 그러나 인식이 사람을 바꾼다. 왕이 따로 있는 것이 아니다. 무조건 너는 왕이라고 지칭하고 부르면서 변화가 시작된다. 자신에 대한 과소평가에서 스스로를 왕이라고 인식을 바꾸고 출발하면 그는 정말 왕이 된다. 법성게의 가르침은 사실 자신을 신이라고 생각한 순간 이미 신이 되었다고 가르친다. 법성게를 보자.

초발심시변정각(初發心時便正覺) : 처음 깨달음의 마음을 내는 그 순간 이미 깨달음이 성취되어 있다.

초발심시변정각. 자신 스스로가 만든 신(한계)을 깨뜨리게 되는 것이다. 간단하다. 자신을 신으로 인식함으로 시작하는 것이다. 깨침이 일어나면 그 깨침이 클수록 강한 주체성을 확립하게 된다. 그러므로 필자는 이것을 종교의 본질로 이해하고 있다. 모든 깨친 그리스도나 붓다는 강한 카리스마를 갖는 이유가 여기에 있다.

예수의 카리스마도 날 때부터 하나님의 독생자라는 특수 신분이기 때문에 갖는 것은 아니었다. 그는 현실적으로 평범한 목수의 아들이었다. 그가 어떤 교육을 받았는지 어떤 수행을 했는지 베일에 가리어 있다. 그러나 그의 공생애 이전에 반드시 깨침의 과정이 있었으리라고 생각한다. 신약 성경 기자는 그가 날 때부터 우리와 질적으로 다른 신성을 부여하기 위해 인간적으로 그가 청소년기에 겪은 수행기록은 제외시킨 것으로 보인다. 여느 보통 인간이어서는 안 된다. 그는 특별한 하나님의 독생자여

야 한다. 날 때부터도 보통 사람과 다르다. 그러니 동정녀에게서 나와야
한다. 최초 기록된 복음서 마가복음에는 동정녀 마라아에게서 탄생한 이
야기는 없다. 그보다 얼마 뒤에 기록된 마태복음에 비로소 동정녀가 등장
한다. 마태 기자의 생각은 하나님의 아들이라면 마땅히 날 때부터 보통
사람하고는 달라야 한다고 생각하여 이 내용을 추가했는지도 모른다. 하
나님의 독생자니 누구에게 배워서 아는 것이 아니다 적어도 생이지지(生
而知之, 도를 스스로 깨달음)는 기본이다. 인간의 스승은 있을 수 없다.
이러한 입장에서 경전을 기록한 신약 기자들의 의도가 엿보인다.

　여하튼 세상에 나온 그의 모습은 하나님같이 고강한 강한 주체성을 보
인다. 어떠한 권위도 그를 내리누를 수는 없다. 이스라엘의 대표적 선지
자 모세와 이사야도 더 나아가 그 조상 아브라함도 예수 앞에서는 그 권
위를 잃는다.

　56 너희 조상 아브라함은 나의 때 볼 것을 즐거워하다가 보고 기뻐하였
느니라
　57 유대인들이 가로되 네가 아직 오십도 못되었는데 아브라함을 보았
느냐
　58 예수께서 가라사대 진실로 진실로 너희에게 이르노니 아브라함이
나기 전부터 내가 있느니라 하시니
　59 저희가 돌을 들어 치려하거늘 예수께서 숨어 성전에서 나가시니라[133]

　이러한 고강한 주체성을 선가에서는 쉽게 찾아볼 수 있다. 불교는 무
아를 가르치는데 어떻게 강한 주체성을 갖는 것일까? 이런 의문을 가져
본 적이 있는가? 가르침을 따라 오온이 공함을 깨달으면 나라는 정체성
(identity)이 와해된다. 항구적이고 고정적으로 나라고 할 바가 없다는 무

자성(無自性)을 깨닫기 때문이다. 자신을 버림 혹은 없음(無我)과 동시 진아(眞我)가 된다. 그러므로 선사의 강한 카리스마는 진아(眞我)에서 나오는 것이다. 깨침과 함께 강한 카리스마를 갖는 주체성이 확립되는 것이다. 여기서 주체성을 가르치는 불가의 선화 하나를 소개하겠다.

오대은봉(五臺隱峯) 선사(禪師)

마조 선사는 기회가 있을 때마다 제자들에게 용맹하고 대담한 정신을 고취시켰다. 한번은 마조가 길에 다리를 뻗치고 앉아 있을 때, 그의 제자인 오대은봉이 수레를 밀고 왔다. 은봉은 다리를 치워달라고 청했으나, "뻗은 이상 오그릴 수 없다."고 마조는 대답하였다. 은봉도 역시 "한번 나간 이상 물러설 수는 없습니다."라고 대꾸하였다. 그리고 그는 스승을 무시하고서 수레를 앞으로 밀고 나아갔으며, 결국 스승의 발에 상처를 입혔다. 법당으로 돌아온 후 마조는 손에 도끼를 들고서는 "조금 전에 수레로 내 발에 상처를 낸 자는 나오너라."라고 말하였다. 은봉은 주저 없이 앞으로 나와 스승 앞에 목을 내밀었다. 그러자 스승은 도끼를 떨어뜨렸다.[134]

마조 선사는 기회가 있을 때마다 제자들에게 용맹하고 대담한 정신을 고취시켰다. 한번은 마조가 길에 다리를 뻗치고 앉아 있을 때, 그의 제자인 오대은봉이 수레를 밀고 왔다. 은봉은 다리를 치워 달라고 청했으나, A: "뻗은 이상 오그릴 수 없다."고 마조는 대답하였다.

선이 추구하는 이상적 정신은 자유다. 무애(無碍), 자재(自在)하는 인간을 이상으로 삼는다. 그러나 이러한 자유는 그냥 얻어지는 것이 아니다. 걸림 있는 것이 다 제거되거나 극복되어야 자유가 찾아올 수 있다. 자유라는 말은 독자적이라는 뜻이 포함되어 있다. 무엇에 구애받는다면 거기에 걸리게 되며 거기에 의존하는 상황이 벌어진다. 그렇다면 거기에 자유가 있을 수 있겠는가? 그러므로 자유에는 강한 독자적 자주성이 요청된다. 이러한 강한 자주적인 독립성은 기득권을 가진 사람의 눈에는 반역적(反逆的)으로 보일 수도 있다. 쉬운 예로 붓다나 예수의 삶을 보면 그들 당시에 성행하던 기존의 종교체제나, 기성의 종교적 가치에 대한 강한 반역성을 볼 수 있다. 그들의 삶 자체가 그러한 반역적이고 독자적인 강인한 면모를 여실히 드러내는 것이다. 심약한 순종적 태도(양의 새끼)를 가지고는 성불(成佛)하기가 어렵다. 오히려 독자적이고, 자주적 태도(사자 새끼)라야 성불할 수 있는 좋은 조건이라고 할 수 있다. 순종적, 의존적 태도를 가지고 어찌 홀로 설 수 있겠는가? 그들은 자신의 입지를 기존의 종교지도자로부터 인정받고자 어떠한 시도(試圖)도 하지 않았다. 그들은 스스로 섰다. 사자는 새끼를 홀로 설 수 있는 강인한 사자로 키우기 위해서 절벽에서 떨어뜨린다고 하지 않던가? 마조는 이것을 잘 알고 있었다. 그래서 기회 있을 때마다 용맹하고 대담한 정신(사자 새끼)을 고취시킨 것이다. 이제 마조는 이것을 산교육으로 깨닫게 하려고 한다. 어느 날 한번은 마조가 길에 다리를 뻗치고 앉아 있었다는 것인데 이것은 마조가 아마 벌써부터 마음속으로 제자들에게 이러한 공부를 시킬 기회를 노리고 있었다는 것을 보여 주는 대목이다. 그러므로 이렇게 길에 다리를 뻗치고 앉아 있는 것은 마조가 그물을 치고 있는 것이며, 어느 제자든 걸리면 이를 활용해 그 제자를 가르칠 계산이 치밀하게 깔려 있었으리라고 생각된다. 그런데 과연 그의 제자인 오대은봉이 수레를 밀고 온 것이다. 이는 은봉이 마조의 그물에 걸린 것이다. 그러나 은봉은 양의 새끼가 아니었다. 평소 스승의 가르침을 제대로 잘 터득하고 있었던 것이다. 길에 다리를 뻗치고 앉아 있는 것이 비록 스승이기는 하지만 길은 사람이나 수레가 다니기 위해서 있는 것이다. 그러므로 그 통행에 장애로 막고 있는 어떤 것도 마땅히 치워져야 하며 스승의 다리도 예외일 수는 없는 것이다. 은봉은 비록 스승이지만 다리를 치워 달라고 당당하고 떳떳하게 요구하고 있다. 이렇게 자주적으로 스승의 권위에 도전할 수 있는 강한 독자적 자주성이 필요한 것이다. 다른 종교에서는 찾아보기 어려운 광경이다. 선에는 권위주의가 없다. 진리(佛法) 앞에서는 스승도 제자와 공히 평등한 것이다. 사제 간에서도 제자가 먼저 깨달으면 스승이 제자의 제자가 되는 것이 선의 세계이다(예, 古靈神贊 禪師). 은봉의 독자적 자주성이 드러나는 대목이다. 이는 스승에 대한 반역일 수도 있다. 이에 대하여 마조는 **"뻗은 이상 오그릴 수 없다."고 마조는 대답하였다.** 마조는 왜 버티고 있는가? 마조는 은봉이 이 상황을 어떻게 헤쳐 나가는 지를 보고자 하는 것이다. 스승의 위세와 권위라도 밀치고 넘어갈 수 있는 자주적이요, 담대하고도 독자적인 주체성을 제자에게 기대하는 것이다. [이러한 선의 정신은 임제 선사에 이르러 살불살조(殺佛殺祖)에까지 이르게 된다.] 스승은 사자 새끼를 키웠다.

은봉도 역시 B: "한번 나간 이상 물러설 수는 없습니다."라고 대꾸하였다.

제자 은봉의 사자후(獅子吼)다. **"한번 나간 이상 물러설 수는 없습니다."** 새끼 사자가 어미 사자에게 포효하는 것이다. 진리 앞에는 이러한 당당한 기개가 요구된다. 누구도 막을 수는 없다. 천하의 누구도 어쩌지 못한다.

그리고 그는 스승을 무시하고서 수레를 앞으로 밀고 나아갔으며, 결국 스승의 발에 상처를 입혔다.

여기서 은봉은 결국 스승의 발에 상처를 입히지만, 석두희천은 청원 스님이 남악회양 스님에게 편지를 전하게 했을 때 제멋대로 스승의 편지를 전하지도 않았고, 백장은 스승 마조가 예정된 설법을 시작하기도 전에 스승의 허락도 없이 스승의 자리를 말아서 접어버렸다. 이럴 때 스승의 마음은 어떠하리라고 생각하는가? 어미 사자는 새끼 사자가 이빨이 다 자란 것을 보고 드러내지 않고 속으로 기뻐하는 것이다.

법당으로 돌아온 후 마조는 손에 도끼를 들고서는 A: "조금 전에 수레로 내 발에 상처를 낸 자는 나오너라."라고 말하였다.

여기가 2차 관문이다. 첫째 관문을 통과한 은봉에게 마조는 더욱 강화된(목숨을 내놓아야 하는) 그물을 치고 있는 것이다. 마조는 몸집이 장대하고 정력이 넘치는 사람으로 호시우행(虎視牛行, 황소처럼 걷고 호랑이 같은 눈매를 가졌다)하였다고 한다. 이 마조가 성이 나서 씩씩거리며 손에 도끼를 들고 은봉을 나오라고 불러내고 있는 장면이다. 마조의 속심은 어떠했을까? 필자는 여기서 마조의 연기가 돋보인다고 말할 수밖에 없다. 왜냐하면 마조가 은봉이 첫 번째 관문을 통과한 것을 속으로는 기뻐하지만 그것을 감추고 겉으로는 성난 험악한 표정과 몸짓을 하고 있었을 것이기 때문이다. 이것이 연기가 아니고 무엇인가? 이제 여기서 은봉은 갈림길에 놓여 있다. 스승 마조의 기세에 퇴굴심(退屈心)을 내어 살려 달라고 애원하느냐, 아니면 그 기개를 꺾지 않고 2차 관문을 통과할 것이냐? 그러나 은봉은 이미 각오한 바다.

은봉은 주저 없이 앞으로 나와 스승 앞에 목을 내밀었다.

은봉은 아무런 마음의 동요 없이 죽음을 두려워하지 않는다. 목숨을 내놓고 파고드는 은봉의 치열한 구도 정신이 드러나고 있다. **은봉은 주저 없이 앞으로 나와 스승 앞에 목을 내밀었다.** 죽으면 죽으리라는 당찬 남아의 기개가 느껴진다. 도는 이러한 기개가 없으면 성취되기 어렵다. 그리고 여기 은봉에게서 보이듯이 이러한 행동은 스승에 대한 절대적 신뢰가 없이는 결코 흉내 내기 어려운 행동이다. 이제 마조는 제자 은봉이 〈금빛 찬란한 황금 사자〉임을 알았다. 마조는 흐뭇하였다.

그러자 스승은 도끼를 떨어뜨렸다.

이는 은봉에 대한 마조의 인정이다. 마조가 법당에서 도끼를 떨어뜨릴 때 나는 소리는 [판사의 언도 같이] 은봉을 인정한다는 마조의 인가(印可)다.

또한 이러한 카리스마를 적나라하게 보여주는 선사로 임제 선사(臨濟義玄, ?~867)를 빼놓을 수 없다. 그의 당당함은 살불살조(殺佛殺祖)에 이른다. 임제 선사의 유명한 사자후이다. 그의 어록 임제록을 보면 그가 깨닫는 장면에서 그 고강한 선풍이 뼈저리게 느껴지는데 그는 제자들에게 살불살조를 가르쳤다. 부처를 만나면 부처를 죽이고 조사(祖師)를 만나면 조사를 죽여라. 기존 권위에 정면으로 도전해 부정하는 것이다. 그는 중국 당나라 말기 산동 사람이라 한다. 추정컨대 동이족이 많이 사는 산동 출신이니 그 기질을 보아도 그렇고 아마 동이족의 후손일 공산이 크다.

상기 선화에서 보듯이 선사나 예수에서 강한 카리스마를 갖는 주체성의 확립을 볼 수 있다. 당당한 자부심의 인간으로 거듭나는 것이다. 여기서 필자는 임제 선사의 깨닫는 행록을 끝으로 본 서를 끝내고자 한다.

임제의현(臨濟義玄, ?-866) 선사(禪師)

"경전과 어록을 똥 닦은 휴지요.", "제방에서는 모두 화장을 하지만 나는 여기서 한순간에 생매장을 해 버린다."고 말했던 임제 선사는 강한 주체 성의 소유자로 치열한 구도 정신의 사람이었다. 현 산동(山東) 사람으로 전형적인 북방인의 기질을 갖고 있었다. 필자는 임제록(臨濟錄)을 읽으며 선사의 열정적이고도 단호한 성품에 직접 접할 수 있는 것 같았으며 사찰 에 불자로서 출석하는 것도 아니요, 알고 지내는 스님 한분도 없는 필자 로서는 선사로부터 진정 선(禪)이 무엇인지를 눈뜨게 하는 깊은 인연을 스스로 갖게 되었다. 내 삶에 있어서 임제록으로나마 임제 선사를 만날 수 있었던 것을 크나 큰 행운으로 여기며 삼가 머리 숙여 예를 갖춘다. 이 제 임제 스님이 활연 대오하는 과정이 자세히 그려져 있는 임제록의 행록 (行錄)을 고찰해 보자.

임제 스님이 처음 황벽 스님의 회하에 있을 때 공부하는 자세가 매우 순 일하였다. 수좌 소임을 보는 목주(睦州) 스님이 찬탄하여 말하기를, "비 록 후배이긴 하나 다른 대중과는 상당히 차이가 있다."라고 하였다. 그리 고 묻기를, "스님이 여기에 있은 지 얼마나 되는가?" "3년 됩니다." "공부 에 대하여 물은 적이 있는가?" "아직 묻지 못했습니다. 무엇을 물어야 할 지 모르겠습니다." "방장 스님을 찾아뵙고 '무엇이 불법의 분명한 대의입 니까?' 하고 왜 묻지 않는가?" 임제 스님이 바로 가서 물으니 묻는 말이 채 끝나기도 전에 황벽 스님께서 대뜸 후려쳤다. 임제 스님이 내려오자 수좌 가 물었다. "법을 물으러 갔던 일은 어떻게 되었는가?" "내가 묻는 말이 채 끝나기도 전에 화상이 느닷없이 때리니 저는 알 수가 없습니다." "그렇지 만 다시 가서 묻도록 하게." 임제 스님이 다시 가서 물으니, 황벽 스님이 또 때렸다. 이렇게 세 번 묻고 세 번 맞았다[三度發問 三度被打]. 임제 스님이 돌아와서 수좌에게 말하였다. "다행히 자비하심을 입어서 제가 큰스님께 가서 불법을 물었는데 세 번 묻고 세 번 맞았습니다." "장애로 인하여 깊은 뜻을 깨닫지 못하는 것을 스스로 한탄하고 지금 떠나려고 합니다." "그대가 만약 떠나려거든 큰스님께 가서 하직 인사나 꼭 하고 가게." 임제 스님은 예배하고 물러났다. 수좌가 먼저 황벽 스님의 처소에 가서 말하였다. "법을 물으러 왔던 후배가 대단히 여법(如法)합니다. 만약 와서 하직 인사를 드리거든 방편으로 그를 이끌어 주십시오. 앞으로 잘 다듬으면 한 그루의 큰 나무가 되어 천하 사람들에게 시원한 그늘을 드리울 것입니다." 임제 스님이 가서 하직 인사를 드리니 황벽 스님이 말씀하였다. "다른 곳으로 가지 말고 자네는 고안의 물가에 사는 대우 스님 처소에 가도록 하여라. 반드시 너를 위하여 이야기가 있을 것이다." 임제 스님이 대우 스님에게 이르자 대우 스님이 물었다. "어디서 왔는가?" "황벽 스님의 처소에서 왔습니다." "황벽 스님이 무슨 말씀을 하시던가?" "제가 세 번이나 불법의 분명한 대의를 물었다가 세 번 얻어맞기만 했습니다. 저는 알지 못하겠습니다. 저에게 허물이 있습니까?" "황벽 스님이 그토록 노파심이 간절하여 그대를 위해 뼈에 사무치게 하였거늘 여기까지 와서 허물이 있는지 없는지를 묻는가?" 임제 스님이 그 말끝에 크게 깨달았다. 그리고 이렇게 말했다. "황벽의 불법이 간단하구나." 대우 스님이 멱살을 움켜쥐며, "이 오줌싸개 같은 놈! 방금 허물이 있느니 없느니 하더니 이제 와서는 도리어 황벽 스님의 불법이 간단하다고 하느냐? 그래 너는 무슨 도리를 보았느냐? 빨리 말해봐라, 빨리 말해!" 하였다. 이에 임제 스님이 대우 스님의 옆구리를 주먹으로 세 번이나 쥐어박았다. 대우 스님이 임제 스님을 밀쳐 버리면서 말하였다. "그대의 스승은 황벽이다. 나하고는 상관없는 일이다." 임제 스님이 대우 스님을 하직하고 다시 황벽 스님에게 돌아오자 황벽 스님이 보고는, "이놈이 왔다 갔다 하기만 하니 언제 공부를 마칠 날이 있겠느냐?" "오직 스님의 간절하신 노파심 때문이옵니다." 인사를 마치고 곁에 서 있으니 황벽 스님이 물었다. "어디를 갔다 왔느냐?" "지난번에 스님의 자비하신 가르침을 듣고 대우 스님을 뵙고 왔습니다." "대우가 무슨 말을 하더냐?" 임제 스님이 지난 이야기를 말씀드리니 황벽 스님이 말하였다. "어떻게 하면 대우 이놈을 기다렸다가 호되게 한 방 줄까?" 임제 스님이 "무엇 때문에 기다린다 하십니까? 지금 바로 한 방 잡수시지요." 하며 바로 손바닥으로 후려쳤다. 황벽 스님이 "이 미친놈이 다시 와서 호랑이의 수염을 뽑는구나." 하였다. 그러자 임제 스님이 "할"을 하였다. 황벽 스님이 "시자야, 이 미친놈을 데리고 가서 선방에 집어넣어라." 하였다.[135]

임제 스님이 처음 황벽 스님의 회하에 있을 때 공부하는 자세가 매우 순일하였다. 수좌 소임을 보는 목주(睦州) 스님이 찬탄하여 말하기를, A: "비록 후배이긴 하나 다른 대중과는 상당히 차이가 있다."라고 하였다. 그리고 묻기를, A: "스님이 여기에 있은 지 얼마나 되는가?" B: "3년 됩니다." A: "공부에 대하여 물은 적이 있는가?" B: "아직 묻지 못했습니다. 무엇을 물어야 할지 모르겠습니다." A: "방장 스님을 찾아뵙고 '무엇이 불법의 분명한 대의입니까?' 하고 왜 묻지 않는가?" 임제 스님이 바로 가서 물으니 묻는 말이 채 끝나기도 전에 황벽 스님께서 대뜸 후려쳤다.

불법을 바로 가서 물으니 묻는 말이 끝나기도 전에 황벽 스님께서 대뜸 후려쳤다. 도대체 이게 무슨 당혹스런 도리인가? 황벽 스님은 묻는 말이 다 끝나기도 전에 대답은 안 하시고 제자를 후려치신 것이다. 이런 경우를 당한다면 누구든 황당하여 아무리 스승이라 하더라도 괴팍한 사람이라고 생각하여 스승이고 뭐고 보따리를 싸는 게 오히려 당연할지 모르겠다. 그러나 나중에 깨닫고 나면 알겠지만 이것은 제자를 깨닫게 하는 스승 황벽의 고도의 치밀한 전략이 숨어 있는 것이다. 황벽이 분명한 불법의 대의를 가르치는 방법 자체가 처음부터 전혀 예상 밖이었던 것이다. 황벽 스님이 가르치려고 하는 불법의 대의와 임제 스님이 예상하고 기대하는 불법의 대의는 전혀 질이 다른 것이었다.

일반적으로 지식을 습득하고 사물을 아는 방법과는 전혀 다른 차원에 불법의 대의가 존재함을 알 때까지는, 황벽이 말도 끝나기 전에 다짜고짜 후려치는 이유를 알 수가 없는 것이다. 불법의 대의 즉 불성의 자각은 설명의 영역에 있는 것이 아니라, 체험의 영역에 자리 잡고 있다는 사실이다. 이러한 설명도 불성을 자각한 뒤에나 할 수 있는 말이기는 하지만, 불성을 자각한 뒤에 경전이나 조사어록을 보면 쉽사리 그 뜻을 파악할 수 있지만, 불성을 자각하기 전까지는 모든 경전과 조사어록이 사실상 닫혀 있는 것이다. 그것은 경전에 통달하고 해박한 불교 철학적 지식을 갖고 있다 하더라도 지식의 수준에 머물러 버리고 마는 것이요, 그 지식을 갖고 있는 사람을 해탈한 대자유인(大自由人)으로 만들어 주지는 못하는 것이다. 그런데 여기서 우리가 알아야 할 것은 황벽 스님이 묻는 말이 채 끝나기도 전에 대뜸 후려치는 행위 자체가 적실(的實)한 불성의 보임(불법의 분명한 대의)[直指人心]이라는 기막힌 사실이다.

임제 스님이 내려오자 수좌가 물었다. A: "법을 물으러 갔던 일은 어떻게 되었는가?" B: "내가 묻는 말이 채 끝나기도 전에 화상이 느닷없이 때리니 저는 알 수가 없습니다."

여기 임제 스님도 겪다시피 스승 황벽의 행동은 도무지 상식적인 견지에서 이해가 되지 않는 것이었다. 임제는 황벽(黃蘗) 하(下)에 오기 전에 최초로 출가한 사찰은 선종계(禪宗系)의 사찰이 아니라 경전을 연구하는 교종계(敎宗系)의 사찰이었다고 한다. 즉 교가(敎家)에서 경론(經論)의 깊은 이치를 널리 탐구하여 해박한 지식을 습득하였던 것이다. 이러한 그가 후일 견성한 후에 경전과 어록을 모두 똥 닦은 휴지라고 했던 것은 진정한 불성의 자각이 없다면 그것이 아무런 구원이 되지 못한다는 사실을 누구보다도 뼛속 깊이 체험적으로 잘 알게 되었으므로 그렇게 파격적으로 말하게 된 것으로 보인다. 후일 임제의 설법에서 보면 달마나 혜가의 어구(語句), 승찬의 신심명(信心銘), 마조나 황벽의 언설(言說), 그리고 법화경, 화엄경, 유마경, 능가경, 능엄경 등 수많은 전적(典籍)의 내용 등을 수다(數多)하게 인용하고 있는 것으로 보아 그가 얼마나 많은 양의 교학적 지식과 깊은 조예(造詣)를 가지고 있었는지 알 수 있다. 이러한 그가 불법의 대의를 묻자 묻는 말이 끝나기도 전에 대뜸 후려침을 당한 것이다. 이 당시로서는 어쩔 수 없는, 도대체 무엇이 잘못된 것인지조차 알 수 없는 그런 상황이었을 것이다. 그래서 그는 솔직히 자신의 심경을 목주 수좌 스님에게 토로하고 있는 것이다.

A: "그렇지만 다시 가서 묻도록 하게."

그러나 이 불법의 깨달음은 극히 개인적인 일이다. 스스로 체험하는 사건이 일어나서 깨닫지 못하면 아무 소용이 없는 것이다. 그러므로 목주 스님은 임제로 하여금 다시 가서 묻도록 시키는 것이다. 다시 한번 임제가 깨달음의 기회를 갖도록 그 기회를 목주 스님은 만들고 있다.

임제 스님이 다시 가서 물으니, 황벽 스님이 또 때렸다. 이렇게 세 번 묻고 세 번 맞았다[三度發問 三度被打]. 임제 스님이 돌아와서 수좌에게 말하였다. B: "다행히 자비하심을 입어서 제가 큰스님께 가서 불법을 물었는데 세 번 묻고 세 번 맞았습니다." "장애로 인하여 깊은 뜻을 깨닫지 못하는 것을 스스로 한탄하고 지금 떠나려고 합니다."

여기서 드러나는 임제의 성품은 순수하고 순전한 사람으로 간절히 불법의 대의를 찾고자 하는 구도자의 모습이 잘 드러나 있다. 우직하고 인위를 모르는 사람으로서 자기가 깨닫지 못함을 모두 자기 탓으로 돌리고 있다. 여기서 임제는 스스로 어떤 절망을 고백하고 있는데, 필자도 임제가 느끼는 그 절망을 잘 이해할 수가 있다. 나 또한 그러한 절망을 혼자 공부하면서 수도 없이 느껴 보았기 때문이다. 수없이 절망하면서도 그러나 그 깨닫고자 하는 열망은 저 가슴 깊은 곳에서 결코 꺼질 줄 모르는 불꽃같이 타오르는 것을 느끼는 것은 모든 구도자들의 한결같은 마음일 것이라고 믿는다. 그리고 그 깨닫고자 하는 열망 즉 바로 꺼질 줄 모르게 타오르는 것 자체가 불성의 드러남이라고 이제는 추호의 의심도 없이 믿게 되었다. 그 열망은 내가 만들어서 내는 열망이 아니다. 그것이 도대체 어디서 오는 것일까?(이 뭐꼬?) 임제는 여기서 절망한 나머지 황벽을 떠나기로 마음먹은 것이다. 황벽하에서 3년간의 깨달으려는 몸부림을 뒤로한 채 떠나가는 임제의 뒷모습에서 내 모습을 보는 듯하다.

A: "그대가 만약 떠나려거든 큰스님께 가서 하직 인사나 꼭 하고 가게." 임제 스님은 예배하고 물러났다.

목주 스님 역시 임제 스님의 처지를 잘 알고 있었다. 그는 또한 임제 스님의 가능성을 발견한 높은 안목을 지니고 있었으며, 그를 어떻게든 깨달음의 길로 인도하려는 따뜻한 열정을 느낄 수 있다. 목주가 없었다면 오늘날 우리가 알고 있는 임제 선사가 선종사(禪宗史)에 나타나지 않았을지도 모를 일이다.

수좌가 먼저 황벽 스님의 처소에 가서 말하였다. A: "법을 물으러 왔던 후배가 대단히 여법(如法)합니다. 만약 와서 하직 인사를 드리거든 방편으로 그를 이끌어 주십시오. 앞으로 잘 다듬으면 한 그루의 큰 나무가 되어 천하 사람들에게 시원한 그늘을 드리울 것입니다." 임제 스님이 가서 하직 인사를 드리니 황벽 스님이 말씀하였다. C: "다른 곳으로 가지 말고 자네는 고안의 물가에 사는 대우 스님 처소에 가도록 하여라. 반드시 너를 위하여 이야기가 있을 것이다."

황벽 선사가 어찌 임제의 마음을 모를 리가 있겠는가? 그런데 불법의 분명한 대의를 묻는 제자에게 대뜸 후려치는 것은 무엇이라고 생각하는가? 이것은 제자를 간절히 사랑하는 스승의 치밀히 계산된 방편(方便)인 것이다. 이러한 솜씨를 가지고 있는 선장(禪匠)을 만난다는 것 자체가 흔한 일이 아니다.

방거사(龐居士, ?-808)가 석두와 마조를 찾아가서 불법("일체의 존재와 상관하지 않는 자, 그것은 어떤 사람입니까?")을 물었을 때 석두희천(石頭希遷, 700-790) 선사는 거사의 입을 막았고, 마조 선사는 "서강의 물을 한 입에 다 마시고 나면 말해 주겠다." 했었다. 황벽 선사는 불법의 분명한 대의를 묻는 말이 다 끝나기도 전에 대뜸 후려쳤다. 석상경저(石霜慶諸, 807-888) 선사는 조사서래의(祖師西來意)를 묻는 한 납자에게 질문한 중을 노려보며 이를 부득부득 갈았다(咬牙切齒). 이러한 선사들의 방편에서 무엇을 느끼는가? 그러나 이러한 선사들의 방편이야말로 가장 훌륭한 답변 아닌 답변인 것이다. 그리고 구도자는 여기서 힌트를 얻어야 한다. 황벽은 수좌의 말을 듣고 임제를 대우 스님 처소에 가도록 한다. 황벽이 세 번의 기회를 주었으나 제자는 아직 스승의 가르침을 깨닫지 못하고 있는 것이다. 三度發問 三度被打. 세 번 묻고 세 번 맞았다고 하는데, 일타(一打)가 20방망이씩이니 60방망이를 맞은 것이다. 스승은 제자에게 폭력을 휘두르는 것인가? 황벽은 세 차례 일관되게 적실한 답변을 해 준 것을 기억해야 한다. 그리고 황벽은 자신의 손에서 그 일이 끝나지 않은 것을 알고 마지막으로 대우(大愚) 선사에게 기대를 걸어 보는 것이다. 떠나는 자신보다 오히려 떠나보내는 스승 황벽의 마음이 더욱 노심초사(노파심)하고 있다는 사실을 임제는 눈치 채고나 있을까? 여하튼 임제는 스승의 지시대로 대우 스님의 처소에 이른다.

임제 스님이 대우 스님에게 이르자 대우 스님이 물었다. D: "어디서 왔는가?" B: "황벽 스님의 처소에서 왔습니다." D: "황벽 스님이 무슨 말씀을 하시던가?" B: "제가 세 번이나 불법의 분명한 대의를 물었다가 세 번 얻어맞기만 했습니다. 저는 알지 못하겠습니다. 저에게 허물이 있습니까?" D: "황벽 스님이 그토록 노파심이 간절하여 그대를 위해 뼈에 사무치게 하였거늘 여기까지 와서 허물이 있는지 없는지를 묻는가?"

여기서 질문하고 있는 임제의 입장은 처음 황벽 선사를 뵙고 불법의 분명한 대의를 물었을 때 자신이 불법에 대하여 가지고 있는 모종의 임제 나름의 기대치가 있었을 것이며, 거기에 대한 답변조차 듣지 못하였으니 혹시 자신이 그것을 알고자 묻는 태도나 그 과정상에 어떠한 잘못이라도 있는 지를 다시 대우 스님께 확인하고 싶은 것이다. 왜냐하면 불법의 분명한 대의를 알려는 자신의 간절한 구도심에서 생각한다면 임제는 자신의 태도에서 스스로 어떠한 부끄러움이나 껄끄러움도 발견할 수 없었을 것이기 때문이다. 그리고 이번에야말로 대우 스님이 자신의 기대치에 부응하는 불법의 분명한 대의를 말해 주기를 바라는 것이다. 정말 대우 스님이 임제가 기대하는 훌륭한 답변을 해 주신다면 황벽 스승은 질문의 본론에 대해서는 얘기조차 안 하신 것이고 임제의 태도에만 화를 낸 것이 된다. 그러나 황벽의 세 번 때림은 그런 것이 아니었다. 세 번 맞는 거기에서 깨달아야 한다는 것이다. 황벽은 적실한 대답을 한 것이었으며, 그 대답은 임제가 기대한 식의 답변과는 전혀 질이 다른 생생하게 살아 있는 불법을 보였다는 것이다[直指人心]. 그런데 임제는 아직 이것을 깨닫지 못하고 있는 것이다. 그러므로 우리는 그가 대우 스님에게 기대하고 있는 답변도 자신의 예상치를 벗어나지 않는 범위 내의 것임을 어렵지 않게 짐작할 수 있다.

그런데 대우 스님의 대답은 뜻밖이었다. 황벽 스님이 세 번 때린 것[三度打]에 대해서 **"황벽 스님이 그토록 노파심이 간절하여 그대를 위해 뼈에 사무치게 하였거늘 여기까지 와서 허물이 있는지 없는지를 묻는가?"** 하고 황벽과 입장을 같이하며 오히려 그를 두둔하는 말로 일깨워 주는 것이 아닌가? 여기서 임제는 제정신이 번쩍 들기 시작하였을 것이다. 황벽의 후려친 것은 간절한 노파심이었고, 불법을 뼈에 사무치게 깨닫게 하는 불법의 분명한 대의 그 자체였던 것이다. 이제 임제는 스승의 묻는 말에 아무 대답도 없이 대뜸 때린 것의 의미가 무엇인지 깨닫기 시작하였다. 임제가 불법의 대의를 묻는 것이나, 그 말을 알아듣고 황벽 스님이 후려치는 것이나, 그것의 진정한 행위의 주체는 천지의 오직 이 한 사람, 살아 있는 무위진인(無位眞人)인 일진법계체일심(一眞法界體一心)인 불성(佛性, 自性)인 것이다. 이것의 자각은 공부하여 아는 것도 아니고, 닦아서 얻는 것도 아니고, 본래부터 스스로 그러함(自然)을 오래 동안 잊었다가 문득 기억해 내듯이 그냥 아는 일이다. 마치 제정신을 찾는 것과 같다. 나의 육신이 나온 것도 여기서 나온 것이다. 천지 만물이 다 여기서 나오는데 이것을 나툰다고 한다. 나툰 나의 육신이 사라진다 해도 나투게 한 이것은 사라질 수 있는 것도 아니다. 이것은 난 적이 없는 무생(無生)이니 죽을 일도 없는 것이다. 그러니 우리가 살아가는 일상사 모든 것은 이 한 사람이 다 하는 것이요, 일거수일투족 불법 아닌 것이 하나도 없다. 후일 임제 선사가 주인공 오직 이 한 사람에 대하여 설법하고 있는 것을 살펴보자.

"그것은 그대들 눈앞에 역력하고 뚜렷한 아무 형체도 없이 홀로 밝은 이것이 바로 설법을 하고 법을 들을 줄 안다. 만약 이와 같이 볼 줄 안다면 곧 할아버지 부처님과 더불어 다르지 않느니라."

"붉은 몸뚱이에 한 사람의 무위진인(無位眞人)이 있다. 항상 그대들의 얼굴을 통해서 출입한다. 아직 증거를 잡지 못한 사람들은 잘 살펴보아라."

"그대들은 지금 이렇게 법문을 듣는 그 사람을 어떻게 그를 닦고, 어떻게 그를 증득하며, 어떻게 그를 장엄하려 하는가? 그것은 닦을 물건이 아니며 장엄할 수 있는 물건도 아니다. 만약 그것을 장엄할 수 있다면 무엇이든지 다 장엄할 수 있을 것이니 그대들은 잘못 알지 말아라."

임제는 이제 스승의 가르침(三度打)을 깨닫게 되었다. 임제는 불법의 분명한 대의를 뼈에 사무치게 깨닫게 된 것이다.

임제 스님이 그 말끝에 크게 깨달았다. 그리고 이렇게 말했다. B: "황벽의 불법이 간단하구나."

임제는 대우 스님의 말끝에 이제 열망하던 깨침을 확연히 경험한 것이다[言下大悟, 言下便悟]. 그리고 그 환희의 순간에 임제는 **"황벽의 불법이 간단하구나."**라고 외치고 있는 것이다. 이 임제의 외침 속에는 다음과 같은 의미가 들어 있음을 보아야 한다.

1) 모든 가려진 비밀과 팔만대장경의 모든 가르침이 밝혀지는 순간이다.
2) 조각조각으로 나누어진 제법만상(諸法萬象)이 하나로 통일되는 순간이다.
3) 양(羊) 무리 속에 묻혀서 자신이 양인 줄 알았다가 강물에 비친 자신의 진면목을 바라보고 자신이 사자(獅子)임을 깨닫고 난 후 처음으로 터뜨리는 사자후(獅子吼)다.
4) 평면적 사유에서 전일적 사유로 전환되는 외침이다. (中道實相)

대우 스님이 멱살을 움켜쥐며, D: "이 오줌싸개 같은 놈! 방금 허물이 있느니 없느니 하더니 이제 와서는 도리어 황벽 스님의 불법이 간단하다고 하느냐? 그래 너는 무슨 도리를 보았느냐? 빨리 말해봐라, 빨리 말해!" 하였다.

황벽의 불법이 간단한 것은 사실상 이것을 알고 보면 이것을 손 댈 수도 없는 것이요, 손댈 필요도 없는 것이다. 왜냐하면 스스로 그러함을 깨닫게 되기 때문이다(歸復自然). 이것은 허허로이 밝은 빛이 스스로 비추어(虛明自照), 애써 마음 쓸 일도 아니고(不勞心力), 무엇 하나 포용하지 않음이 없고(無不包容), 시방이 바로 눈앞에 펼쳐진다(十方目前). 있고 없고가 없어지고(無在不在), 한 생각이 곧 만년임을 알게 되는 것이다(一念萬年). 일체의 양변에서 벗어나 있으며(一空同兩) 시간과 공간을 초월하여 지금 여기에 영원토록 존재하게 되는 것이다.

임제가 깨닫고는 **"황벽의 불법이 간단하구나."**라고 말을 하자 이 소리를 들은 대우 스님은 임제에게 어떤 변화가 있음을 금방 알아차렸다. 변화는 이렇게 순간적으로 일어나는 것이다(頓悟). 임제의 그 한마디 어투(語套)에서 강한 자주적 주체성과 지혜와 직관이 담겨 있음을 간파할 수 있기 때문이다. 그러므로 대우 스님이 임제의 멱살을 움켜 쥔 것은 자신의 불성을 보여 주면서 임제의 변화를 점검하고자 하는 것이다. **"이 오줌싸개 같은 놈! 방금 허물이 있느니 없느니 하더니 이제 와서는 도리어 황벽 스님의 불법이 간단하다고 하느냐? 그래 너는 무슨 도리를 보았느냐? 빨리 말해봐라, 빨리 말해!"**

이에 임제 스님이 대우 스님의 옆구리를 주먹으로 세 번이나 쥐어박았다.

임제가 대우 스님의 옆구리를 주먹으로 세 번이나 쥐어박는 행위는 이제까지는 모든 행동을 하는 행동 주체가 임제 스스로 하고 있는 것으로 알고 있었는데, 이제는 임제 자신이 아니라 천지의 오직 한 사람, 우주의 근저인 본원자성(몸, 本體)에서 나오는 몸짓(現象, 나툼)임을 자각하면서 행하는 돈오(頓悟) 이후의 최초 몸짓(行動)인 것이다. 임제는 대우 스님에게 이것(불법)을 보여 주고 있는 것이다.

대우 스님이 임제 스님을 밀쳐 버리면서 말하였다. D: "그대의 스승은 황벽이다. 나하고는 상관없는 일이다."

대우 스님은 임제가 깨달았음을 알았다. 대우 스님이 **"그대의 스승은 황벽이다. 나하고는 상관없는 일이다."**라고 한 것은 임제가 깨달았음을 인가하는 말로서 그를 다시 황벽에게 보내어 대우 자신과 황벽의 공모합

작(共謀合作)을 마무리 지으려는 뜻이 담겨 있는 것이다. 여기서 대우가 임제의 스승은 황벽이라고 하는 언급은 선가 내에서 임제의 적전(嫡傳)을 대우 스님보다는 황벽으로 보려는 그 사법(嗣法) 계보(系譜)상의 이유가 개재(介在)되어 있음을 시사한다는 견해가 있다. 그러나 이 내용은 본서의 중심 주제에서 벗어나 있으며 여하튼 황벽과 대우 두 스님의 가르침에 의해 임제의현이라는 선사가 오도(悟道)했다는 점이다. 임제는 대우 스님의 말을 듣고 다시 황벽에게로 돌아오게 된다.

임제 스님이 대우 스님을 하직하고 다시 황벽 스님에게 돌아오자 황벽 스님이 보고는, C: "이놈이 왔다 갔다 하기만 하니 언제 공부를 마칠 날이 있겠느냐?"

임제가 다시 황벽 스님에게 돌아오자 황벽은 임제의 낌새를 유심히 관찰하였을 것이다. 왜냐하면 황벽 스님이 임제를 대우 스님에게 보낼 때는 자신의 손에서 끝내진 못한 그 작업을 대우 스님을 통해서 끝마치려는 기대를 하였기 때문이다. 그러므로 황벽 스님의 질문은 제자가 어떤 깨달음의 징후(徵候)가 있는지 점검하려는 것이다. 깨달음의 징후는 그 언행에서 드러나는바 감추려야 감출 수 없는 것이다. 스승의 하문에 임제의 답변을 보자.

B: "오직 스님의 간절하신 노파심 때문이옵니다."

임제 선사의 이 고백에는 스승에 대한 간절한 고마움이 배어 있는 말이다. 자신을 대뜸 후려침으로써 불법의 분명한 대의를 단박에 깨우치려는 스승의 노파심(勞心焦思)을 임제는 알았기 때문이요, 이 당시 임제의 심경(心境)은 스승에 대한 고마움으로 가득 차 있었을 것이기 때문이다. 이제까지의 감회(感懷)를 임제는 이 한마디에 담았으며 뼛속 깊이 사무치는 감사와 함께 당당함(自尊感)이 담긴 말인 것이다.

인사를 마치고 곁에 서 있으니 황벽 스님이 물었다. C: "어디를 갔다 왔느냐?"

필자는 **"어디를 갔다 왔느냐?"** 하는 이 말이 탕자가 번뇌 망념으로 집을 나가 헤매다가 본원자성을 깨닫고 집으로 돌아온 그 탕자에게 아버지가 던지는 말로 들린다. 집에서 노심초사 기다리던 아버지가 그 아들이 돌아왔을 때 던지는 물음 같다. 이는 신약 성경 누가복음에 극적으로 잘 묘사되어 있다. 황벽은 단순히 피상적으로 임제에게 어느 장소에 갔다가 왔느냐고 묻는 것이라고 그 의미를 한정시킬 필요는 없다.

B: "지난번에 스님의 자비하신 가르침을 듣고 대우 스님을 뵙고 왔습니다."

임제는 지난번의 스승께 맞은 삼도피타[三度被打]가 스승의 자비임을 이제 깨달았다는 뜻이고, 대우 스님을 뵙고 왔다는 말은 견성하였다는 말이다. 여기서 대우는 본원자성을 상징한다. 그러므로 대우 스님을 뵙고 왔다는 말은 견성하였다는 뜻이 담겨 있는 말이다.

C: "대우가 무슨 말을 하더냐?" 임제 스님이 지난 이야기를 말씀드리니 황벽 스님이 말하였다.

황벽의 지속적인 질문은 제자의 견성을 점검하려는 것이다. 이제 그의 말과 저간의 대우 스님과의 만남을 통해서 벌어졌던 일을 듣고 보니 황벽은 이제 임제가 견성하였음을 알았다. 황벽은 임제가 하는 말뜻을 모를 리가 없다. 황벽은 속으로 옳다 됐구나! 쾌재를 불렀을 것이다. 그리고 황벽은 자신이 다하지 못한 스승으로서의 역할을 대우 스님이 훌륭히 수행해 준 데 대하여 고마움을 느끼지 않을 수 없었을 것이다. 이제 그 고마움을 황벽이 (대우에게) 어떻게 표현하는지 살펴보자.

C: "어떻게 하면 대우 이놈을 기다렸다가 호되게 한 방 줄까?"

"기다렸다가 호되게 한 방 주는 것" 이것이 황벽이 대우에게 전하는 깊은 감사인 것이다. 호되다는 뜻이 아주 진심에서 울어 나오는 감사함을 의미하는 것은 두말할 나위도 없다. "기다렸다가 호되게 한 방 주는 것"은 활발발(活潑潑)한 불성의 내보임으로 서로 주고받음으로써 서로 다시 한 번 본원자성을 확인하는 것이요, 따지고 보면 이것 외에 따로 서로 주고받을 귀한 물건은 이 세상에 아무것도 없다.

여기서 한 가지 중요한 포석을 황벽은 임제에게 던지는 것을 간파할 수 있는데, 황벽의 스승으로서의 수완을 엿볼 수 있는 대목이다. 즉 이 **"어떻게 하면 대우 이놈을 기다렸다가 호되게 한 방 줄까?"**라고 하는 말은 얼핏 황벽이 대우 스님에게 던지는 혼잣말같이 들리지만, 사실은 이 말은 임제에게 던진 말일 수도 있다. 왜냐하면 이 말은 황벽이 기다렸다가 본원자성을 확인하겠다는 것(호되게 한 방 주는 것)인데, 본원자성을 깨달은 자가 이 말 뜻을 못 알아들을 일이 없는 것이며, 이 말을 통해서 황벽은 임제의 반응을 보려는 점검성 발언인 것이다. 깨달은 자는 어디서든 본원자성을 확인할 수 있는 눈(道眼)을 가지고 있기 때문이다. 더구나 황벽이 **"어떻게 하면"**이라고 그 방법을 모색하는 표현은 그 일 즉 본원자성을 확인하는 것이 깨달은 자로서는 너무나 쉽고 간단한 일임을 알기 때문에, 진정 임제가 깨달았다면 즉각적인 반응을 보일 것이기 때문이다. "진짜 사자는 한 번 퉁기면 이내 뛰느니라."는 단하천연(丹霞天然, 738-823) 선사의 말대로 즉각적인 반응이 나와야 한다. 황벽 선사는 스승으로서 바로 이 점을 노리고 있는 것이며 제자 황벽의 반응을 확인하려는 것이다.

임제 스님이 B: "무엇 때문에 기다린다 하십니까? 지금 바로 한 방 잡수시지요." 하며 바로 손바닥으로 후려쳤다.

견성한 임제로서는 너무나 당연한 반응이다. 손바닥으로 후려치는 것은 웅크렸던 사자가 뛰듯이 황벽이 한 번 퉁기니 임제는 활발발한 불성을 스승에게 직접 보여 주는 몸짓(행동)인 것이다. 스승에게 한 방 먹인 것이다. 한 방 먹고(맞고) 스승 황벽은 얼마나 기뻤을까? 이제 사자 새끼가 포효하기 시작한 것이다. 영가현각(永嘉玄覺, 665-713) 선사는 이 일을 예측이라도 했단 말인가? 그는 증도가(證道歌)에서 이렇게 말했다. 삼세즉능대효후(三歲卽能大哮吼, 세살 만에 크게 포효하는도다). 임제는 황벽 선사 밑에 있은 지 3년 만에 깨달음을 얻어 대효후(大哮吼)하고 있는 것이다.

황벽 스님이 C: "이 미친놈이 다시 와서 호랑이의 수염을 뽑는구나." 하였다.

황벽 스님이 제자의 견성을 확인하고 이를 인가하는 말이다. 스승의 인가를 받은 임제는 이제 스스로의 독자적인 선풍(禪風)을 보이기 시작한다.

그러자 임제 스님이 B: "할"을 하였다.

선종사(禪宗史)에서 그렇게 유명한 "임제 할"이 최초로 등장하는 역사적 순간이다. 임제종과 임제 할은 이렇게 태동한 것이다. "할"은 불성(몸, 本源自性)을 자각한 임제 식 특유의 몸짓으로 임제종은 향후 선종사에서 거대한 봉우리로서 위치를 점하게 되는 것이다. 임제는 목주 수좌의 예측대로 **한 그루의 큰 나무가 되어 천하 사람들에게 시원한 그늘을 드리우게** 되었던 것이며, 천년이 지난 현금에 이르러서도 필자 또한 임제 스님께 입은 은혜가 지중(至重)함을 앞에서 밝힌 바 있다.

황벽 스님이 C: "시자야, 이 미친놈을 데리고 가서 선방에 집어넣어라." 하였다.

황벽은 이렇게 사자 새끼를 선방(本源自性, 本體, 몸)에 집어넣어 놓았다. 그 후 이 사자 새끼는 수시로 선방을 드나들며 한 시대를 이끌어 나가게 되었던 것이다.

후기

천부경과 역경에 드러난 역동성의 원류(原流)

필자의 작업은 공성의 터득 이후 선학(禪學)을 시작으로, 수학과 물리학을 공의 입장에서 관찰하는 작업을 거쳐, 이번 유월절과 연기법에 이르게 되었다. 이러한 탐구의 밑바닥에 흐르고 있는 하나의 원리를 꼽으라면 공성(空性) 곧 역동성(力動性, dynamicity)이었다. 이 글은 이미 출간한 졸저「깨달음에서 바라본 양자역학」의 후기에 약간의 수정을 가한 것이다. 이미 인류의 종교 철학적 가르침의 시원이 환국의 신교사관에 닿아 있음을 간파하였지만 히브리교의 역사와 불교를 병행 추적하면서 이 생각을 더욱 굳히게 되었다. 그리고 신교사관은 천부경과 역경에 뿌리를 두고 있으며 오히려 이러한 최초의 가르침은 원초적인 역동성 그 자체를 보여 주고 있다. 도마복음이 여러 수식(修飾)이 더해진 다른 공관복음과 달리 예수의 말씀만 기록되었듯이, 천부경과 역경도 다른 모든 수식(修飾)을 뺀 지성적 핵심을 수학의 공식같이 제시하고 있는 것이다. 필자의 주장에 대하여 여러 가지 반론과 주장이 있을 것이지만 종교 철학적 핵심이 판박이로 동일하다는 사실에서 여타의 다른 주장이 옳더라도 그것은 지엽적인 일이다. 아무리 지역적으로 멀리 떨어져 있고 시간적으로 단절되어 그 역사적 진실성이 부정된다 하더라도 중요한 것은 그 가르침의 핵심

내용이기 때문이다.

20세기 이전까지의 학문은 물질과 정신, 혹은 신과 인간과 자연, 혹은 주관과 객관 등의 분리 대립적 시각에서 우주와 만물을 정의하고 사고하는 것이 전형적 패러다임이었다. 데카르트와 뉴턴에 의해서 확립된 결정론적 사유방식이 그것이다. 그러나 양자물리학은 이러한 분리적 사유방식으로는 우주와 만물을 결코 온전히 설명할 수 없음을 강하게 지시하고 있다. 이러한 분리적(결정론적) 사유방식의 딜레마는 수학은 물론이고 양자역학의 전개과정에서도 해결되어야 할 핵심적 과제로서 남아 있었다. 마침내 오늘에 이르러 오히려 양자 역학을 필두로 후성유전학(後成遺傳學, epigenetics), 정신신경면역학(精神神經免疫學, psychoneuroimmunology), 신경가소성(神經可塑性, neuroplasticity) 등 과학의 여러 분야의 학자들이 예전에는 상상조차 불가능한 유심론(唯心論)적 통찰을 보여 주고 있다. 이는 곧 **인간과 자연의 합일**을 의미한다. 과학적 실험으로 증명되는 결과에 의하여 과거 실체론적 사유에 입각한 결정론적 주장이 이제 힘을 잃고 퇴조(退潮)하고 있다. 필자는 깨달음의 입장에서 전작인 「깨달음에서 바라본 수학」에서 그 패러독스와 모순의 원인과 해답을 나름 제시하였고, 「깨달음에서 바라본 양자역학」에서도 양자역학적 물리적 실상에 대해서도 마찬가지 작업을 시행하였다. 불교 철학은 근원 심성론(유심론)으로서 분리가 아닌 전일적(全一的, holistic)인 패러다임으로 만상을 파악하는 입장임을 본 서를 읽은 사람이면 파악할 수 있었을 것이다.

이러한 전일적인 사유방식은 불교의 기초적 입장이지만, 불교를 위시하여 유태교, 기독교, 이슬람교 등이 발흥하기 이전 고대 상고사에서도 동일한 사유방식이 오늘날 밝혀지고 있다. 인류의 4대 문명이 시작보다 사천, 오천 년 이전의 고대 유물이 발견되기 시작한 것이다. 그 고고학적 발굴의 성과는 고고학과 역사학적으로 큰 충격이었고, 그 발견된 문명과 문화의 세련됨을 차치(且置)하고, 그 종교 철학적 수준은 오늘날의 것 보다 오히려 명확히 핵심을 찌르고 있는 전일적인 사유방식임에 놀라지 않을 수 없었다. 더구나 그 역사적 주인공이 우리 민족의 조상인 동이족이라는 고고학적 발굴의 연구결과는 동이족의 후예인 우리들의 가슴을 뛰게 하기에 충분한 것이었다. 전일적인 사유방식의 기원이 환국(천손)인 동이족 우리 조상이고 그러한 사상적 유전자가 우리의 가슴에 면면히 맥동치고 있었던 것이다. 단군의 자손인 석가모니 부처님의 가르침은 연기법이고 그 핵심사상은 무아(無我)이며 불생불멸(不生不滅)인 주체적 역동성으로 간파한 필자로서는, 신라 최치원(崔致遠)에 의해서 기록된 동이족의 **천부경**[天符經(桓國으로부터 구전되어 온 경전)]과 역시 동이족(東夷族)인 태호 복희씨의 **역경(易經)**에 기록된 음양팔괘(陰陽八卦)의 그 철학적 맥락이 바로 주체적 역동성(力動性, dynamicity)에서 합류한다는 사실에서 놀라움을 감출 수 없었다. 필자는 석가모니가 단군의 자손이었을 뿐 아니라 이로부터 불교철학의 철학적 원류가 바로 역경과 천부경이라는 것을 추론하게 되었으며 더 나아가 세계 모든 종교의 뿌리가 우리 조상의 가르침에 닿아 있다는 사실에서 민족적 자부심을 갖게 되었다. 이미 고대로부터 우리 조상들은 진리의 명백한 통찰을 지닌 진정한 붓다 혹은 보살(菩薩, 太一人間)로서의 삶의 철학 즉 홍익인간(弘益人間, 菩薩)의 사상을 갖고 있었다는 사실이다. 천부경은 인류 최초의 경전으로 81자에 삼재(三才)인 하늘과 땅과 인간의 생성 변화 전개 원리를 천명하고, 역경의 음양 팔괘는 그 말 그대로 변화의 이치(易經)를 기술하고 있는바, 우리 조상들은 상고시대에 이미 주·객이 분리되는 이분법적인 갈등과 긴장을 넘어서서, 천지(신과 자연)와 인간이 분리된 것이 아니라 통섭[通(統)攝]된 전일적 하나인 태일인간(太一人間)으로서 그 역동적인 변화원리를 통찰하고 있었다. 즉 그들은 천지인(天地人) 삼재(三才)가 태일(太一)이라는 하나의 통일된 전일적(全一的) 존재로서 구현된 스스로임을 인식하였다는 사실이다. 오늘날 양자역학에서 드러난 실상을 이미 통찰하고 있었음이 명백하다는 사실에서 감탄하지 않을 수 없었다. 그리고 스스로의 정체성(identity)에 대해서 천손으로서 즉 자신에게 갖추어진 신성(佛性)의 자각과 함께 지상에서의 삶을 천상에 펼쳐지는 천지 운행인 우주의 별자리의 움직임을 관찰하고 천문(天文)과 지리(地理)와 사시(四時)의 변화에 순응하는 조화롭고 평화로운 삶을 추구하였다는 사실이다. 인간과 자연과 신과 합일한 천손(太一) 즉 천산, 파미르 고원의 대평원아(大平原兒)라는 자유인으로서 주체성의 자각과 함께 만인을 섬기는 홍익인간[弘益人間(菩薩)]이라는 이상적 인간상을 제시함으로써 어느 민족에서도 찾아볼 수 없는 아주 차원 높은 우주관 철학관 종교관을 고대에 완성한 사실을 주목하지 않을 수 없다. 불교 철학을 공부하면서 그 내용이 우리 민족에 전해져 내려온 삼재사상과의 일치를 내심 의아해하면서도 진리는 서로 다를 수 없다는 것으로 지나쳐 버렸던 것이었으나 그 맥락을 고대 우리 조상들의 통섭적 혹은 전일적 사상의 원류에서 발견된다는 사실에서 우리 민족의 자긍심을 찾지 않을 수 없었다. 이러한 동이족의 고대 환국 배달 단군 조선에서 시작하여 인내천(人乃天) 사상의 동학(東學)으로 이어져 오늘날 현재를 살아가는 우리들의 역사에 면면히 흐르는 홍익인간의 철학적 가르침은 21세기 서구 물질문명의 모순과 분리적 사고방식에서 유래하는 (신과 인간과 자연을 각각 분리하는) 오도된 종교 사상과 그에 따른 분쟁에 찌들어 허우적거리고 있는 인류에게 정신적 지주로서 선도적(先導的)으로 나아갈 바를 제시할 수 있는 위대한 사상임을 깨닫게 된다. 고대 상고사에서 밝혀지고 있는 동이족은 유라시아의 대초원을 아우르는 거대한 영역에 걸쳐 활동하던 기마민족들의 장자(長子)로서 그 정신적 나침판인 천부경은 장자인 동이족에 전해진 유일한 인류 최초의 경전이며, 가장 오래되었으나 그 내용은 오늘날 어렵게 도달한 종교, 불교철학, 기독교, 양자물리학의 핵심적 지견이 담겨 있으며 그 가르침의 궁극적 기반을 변화와 움직임인 역동성에 두고 있는 것이다. 태호(太皞) 복희(伏羲)는 중국 삼황의 한 사람으로 알려져 있으나 사실은 배달국(倍達國) 5세 태우의환웅(太虞儀桓雄)의 12아들 중 막내가 태호 복희라고 환단고기에 명시되어 있다. 이분이 처음으로 팔괘를 그으신 분이다(始畵八卦). 이 걸출한 임금이 천부경을 통달하고 그 역동적 가르침을 음양 팔괘라는 구체적 기호를 통하여 체계화시킨 경전이 역경(易經)이다. 책 이름에서 알 수 있듯이 역(易)은 바꾸다, 교환하다는 뜻으로 역동성을 지시하고 있는바, 역경은 이러한 역동성의 변화원리를 음양팔괘로 표현하였고 우리 조상의 이 우주철학을 우리의 국기인 태극기에 새겨놓았던 것이다. 이러한 역동성을 중시하는 사상적 계보를 보더라도 태호 복희는 중국인이 아니며 우리 동이족인 배달국의 임금님의 아들이며 그 역(易)이라는 사상적 뿌리가 천부경에 닿아 있음을 쉽사리 확인할 수 있다. 탄허(呑虛) 선사(禪師)는 '천부경은 역경의 축소판이다.'라고 말했다. 필자는 '역경은 천부경의 변주곡(變奏曲, variation)'이라고 부르고 싶다. 두 경전에서 풍기는 강한 주체적 역동성과 전일적 통찰은 현실적으로 도(道) 혹은 진리(眞理)가 무엇인지를 지시하고 있다. 갑골(胛骨)에 새겨진 상형문자가 그 후 한자가 된 것은 주지의 사실이고, 이 갑골문자는 본래 동이족의 표의문자(表意文字)였다. 오늘날 세계적으로 그 우수성을 인정받고 있는 세종임금의 훈민정음은 표음문자(表音文字)로서, 상기 표의문자와 표음문자 두 문자 모두 우리 조상이 창안한 문자라는 사실에서 동이족의 우수성을 알 수 있다. 역경은 주나라의 문왕과 공자의 손을 거쳐 유가(儒家)의 경전이 되었다. 그러나 그 세세한 세상의 이치를 밝힌 역경의 근원이 천부경이다. 이 천부경은 하늘이 내린 인류의 지침서라 하지 않을 수 없다.

필자는 오늘날 서구의 기저학문에 해당하는 수학의 역사와 양자역학을 공부하면서 이들 학문에 내재된 패러독스와 모순이 그 분리적 사유방식에 있다는 것을 발견할 수 있었다. 이러한 사유의 맥락에서 유태교에서도 신과 인간을 엄격히 분리하였다. 그 후 차츰 인간과 신의 소통 방법에서 그 분리를 극복하기 위한 점진적 발전을 보이다가 예수에 이르러 **인간과 신의 합일**을 이루어 내게 되었다.

그리고 이러한 학문적 어려움은 불가의 역동적 공사상에서 그 해답을 찾을 수 있었다. 이러한 불가의 공사상의 이전에 그 역동성의 뿌리가 천부경에 닿아 있었다. 즉, 대승불교의 이상인 보살(菩薩)의 세속제적 구현은 널리 인간을 이롭게 하는 홍익인간사상(弘益人間思想)과 그 맥을 같이 하고 있다.

향후 온 인류가 천지인 삼재가 전일적으로 통섭된 홍익인간 재세이화의 가르침을 터득·실천함으로써 전우주적 변곡점을 슬기롭게 극복하고 진리가 강같이 흐르는 새로운 제2 황금시대의 도래를 염원해 본다.

미주

1) 오강남·성소은 지음, 「종교 너머, 아하!」, 판미동, 77-76쪽: 윤대규 [종교의 눈으로 바라본 한국] 중 끝 절 인용

2) 한마음 요전 309쪽

3) 출애굽기 3장

4) 출애굽기 33:11

5) 창세기 18:16-33

6) 창세기 18:17

7) 요한복음 17:21

8) 출애굽기 33:11

9) 창세기 3:24

10) 창세기 3:6, 15

11) 오경웅 지음, 서돈각 이남영 옮김, 「禪學의 황금시대」, 도서출판 천지, p.218

12) 히브리서 10:31

13) 출애굽기 33:3

14) 요한복음 10:34

15) 시편 82:6

16) 지은이 모름, 옮긴이 김종환, 「길가메시 서사시」, 지식을 만드는 지식, 2017, p.157

17) 민수기 21:9

18) 하세가와 요조 지음, 이동형 옮김, 「기독교와 불교의 동질성」, 2000, 붓다의 마을, p.41

19) 마태복음 12:8

20) 지은이 모름, 옮긴이 김종환, 「길가메시 서사시」, 지식을 만드는 지식, 2017, p.129

21) 지은이 모름, 옮긴이 김종환, 「길가메시 서사시」, 지식을 만드는 지식, 2017, p.124

22) 지은이 모름, 옮긴이 김종환, 「길가메시 서사시」, 지식을 만드는 지식, 2017, p.142-143

23) 안경전 역주, 「환단고기」(보급판), 상생출판 p.78

24) 안경전 역주, 「환단고기」(보급판), 상생출판, p.49

25) 이종성 편저, 「뉴베스트 성경」, p.1

26) 안경전 역주, 「환단고기」(보급판), 상생출판, p.151

27) 지은이 모름, 옮긴이 김종환, 「길가메시 서사시」, 지식을 만드는 지식, 2017, p.148-150

28) 길희성 지음, 「아직도 교회에 다니십니까」, 대한기독교서회, 2015, p.88

29) 주원진 지음, 「구약 성경과 신들」, 한남성서연구소, p.188

30) 창세기 11장

31) 창세기 12장

32) 이사야 1:18

33) 안경전 역주, 「환단고기」, 상생출판, p.77

34) 오쇼 라즈니쉬 지음, 박준영 옮김, 신심명, 도서출판 상아, p.43

35) 시편 34:9

36) 시편 102:15

37) 잠언 19:23

38) 전도서 8:12

39) 말라기 2:5

40) 말라기 3:16

41) 시편 128:4

42) 시편 2:11

43) 잠언 2:5

44) 마가복음 6:34

45) 시편 8:4-6

46) 배철현 지음, 하나님의 위대한 질문, 21세기북스, 2017, p.20-21

47) 길희성 지음, 「아직도 교회 다니십니까」, 대한 기독교서회, p.107

48) 길희성 지음, 「아직도 교회 다니십니까」, 대한 기독교서회, p.22

49) 하세가와 요조 지음, 이동형 옮김, 「기독교와 불교의 동질성」, 2000, 붓다의 마을, p.101

50) 마가복음 4:15

51) 김기홍 지음, 「역사적 예수」, (주)창비, p.403

52) 마가복음 6:34

53) 마가복음 8:34

54) 창세기 2장

55) 창세기 3장

56) 이사야 14장

57) 잠언 16장

58) 오강남, 성해영 지음, 「종교, 이제는 깨달음이다」, 북성재, p.89-90

59) 이사야 9:6

60) 마가복음 15:38

61) 마가복음 1:15

62) 히브리서 9:3

63) 창세기 1:26

64) 마가복음 15장

65) 마태복음 3:16

66) 마가복음 9장

67) 요한복음 3:5

68) 에베소서 1:10

69) 요한복음 17:11, 21

70) 마태복음 5:10

71) 마태복음 6:34

72) 마태복음 6:34

73) 요한복음 18:36

74) 마가복음 14장

75) 마가복음 6:7

76) 마가복음 2:22

77) 일레인 페이젤 지음, 방건웅·박희순 옮김, 「성서 밖의 예수」, 정신세계사, p.6-7

78) 일레인 페이젤 지음, 방건웅·박희순 옮김, 「성서 밖의 예수」, 정신세계사

79) 일레인 페이젤 지음, 방건웅·박희순 옮김, 「성서 밖의 예수」, 정신세계사, p.22

80) 일레인 페이젤 지음, 방건웅·박희순 옮김, 「성서 밖의 예수」, 정신세계사, p.22-24

81) 티모시 프리크, 피터 갠디 지음, 승영조 옮김, 「예수는 신화다」, 미지북스, 2009, p.141

82) 길희성 지음, 「아직도 교회에 다니십니까」, 대한기독교서회, 2015, p.101

83) Holger Kersten, 「Jesus lived in India」, Penguin Books, 2001, p.28-29

84) Holger Kersten, 「Jesus lived in India」, Penguin Books, 2001, p.232

Paul does not relay a single syllable of the direct teaching of Jesus in his
epistles, nor does he tell a single one of his parables. Instead, he builds up a
philosophy of his own on the basis of his own personal understanding (or
misunderstanding) of Jesus' teaching.

85) Wrede, *Paulus*, 103 : 가타모리 가조 지음, 이원재 옮김, 「하나님의 아픔의 신학」,
새물결플러스, p.66 재인용

86) 창세기 32:24-28

87) 마태복음 5:14

88) 시편 82:6-7

89) 요한복음 10:33-35

90) 요한복음 8:57-58

91) 네빌 고다드 지음, 이상민 옮김, 「네빌 고다드 5일간의 강의」, 서른세개의 계단,
2008, p.150

92) 마태복음 12:6

93) Holger Kersten, Jesus lived in India, Penguin Books, 2001, p.103, 104

94) 요한복음 8:32

95) 요한복음 14:9

96) 누가복음 6:40

97) 요한복음 14:11-12

98) 하세가와 요조 지음, 이동형 옮김, 「기독교와 불교의 동질성」, 2000, 붓다의 마을, p.6

99) 티모시 프리크, 피터 갠디 지음, 승영조 옮김, 「예수는 신화다」, 미지북스, 2009, p.136

100) 요한복음 5:30

101) 요한복음 12:44-45

102) 요한복음 12:49

103) 요한복음 3:5

104) 길희성 지음, 「아직도 교회에 다니십니까」, 대한기독교서회, 2015, p.99-100

105) 마가복음 15:34

106) 달라이라마 지음, 주민황 옮김, 「행복한 삶」, 하루헌, p.281

107) 창세기 22장

108) 티모시 프리크, 피터 갠디 지음, 승영조 옮김, 「예수는 신화다」, 미지북스, p.86

109) 티모시 프리크, 피터 갠디 지음, 승영조 옮김, 「예수는 신화다」, 미지북스, p.87

110) 히브리서 9:22

111) 누가복음 15장

112) 마가복음 8:34

113) 「잡아함경」 제30권 335경

114) 性名爲無作 不待異法成, 中論 第15觀有無品 2偈

115) 천부경 : 一始無始一, 一終無終一

116) 안경전 역주, 「환단고기」(보급판), 상생출판, p.149-150

117) 안경전 역주, 「환단고기」(보급판), 상생출판, p.332

118) 개천절(開天節: Gaecheonjeol 또는 National Foundation Day). 하늘을 열었다는 '개천(開天)'이란 말은 환웅이 하늘에서 태백산의 신단수 아래로 내려온 것, 혹은 기원전 2333년에 단군이 고조선을 처음 건국한 것을 의미한다.

119) 마가복음 2장

120) 마태복음 12장

121) 마태복음 26장

122) 로마서 12:2

123) 김승혜·서종범·길희성 지음, 「선불교와 그리스도교」, 바오로딸, p.189

124) 마가복음 9:23

125) 창세기 12장

126) 출애굽기 3장

127) 출애굽기 12장

128) 출애굽기 13장

129) 네빌 고다드 지음, 이상민 옮김, 「네빌 고다드 5일간의 강의」, 서른세개의 계단, 2008, p.154

130) 민수기 14장

131) 불교 고승들이 부처의 도를 깨닫고 지은 시가

132) 무비(無比) 지음, 「임제록 강설」, 불광출판사, p.110-111

133) 요한복음 8장

134) 오경웅(吳經熊) 지음, 서돈각, 이남영 옮김 「禪學의 황금시대」, 도서출판 天池, 1997, p.153

135) 무비스님 지음 「임제록 강설」, 불광출판부, 2005, p.319-332

유월절과 연기법

ⓒ 상걸산인(上傑山人) 오정균, 2024

초판 1쇄 발행 2024년 8월 5일

지은이   상걸산인(上傑山人) 오정균
펴낸이   이기봉
편집   좋은땅 편집팀
펴낸곳   도서출판 좋은땅
주소   서울특별시 마포구 양화로12길 26 지월드빌딩 (서교동 395-7)
전화   02)374-8616~7
팩스   02)374-8614
이메일   gworldbook@naver.com
홈페이지   www.g-world.co.kr

ISBN   979-11-388-3226-7 (03230)